Las dos caras
del amor

Las dos caras del amor

EDITORIAL BETANIA

© 1993 EDITORIAL BETANIA
9200 S. Dadeland Blvd., Suite 209
Miami, FL 33156

ISBN 0-88113-101-6

Título en inglés: *Two Sides of Love*
© 1990 by Gary Smalley and John Trent, Ph.D.

Traducido por: Adriana Powell

Dedicatoria

*Dedicamos este libro con mucho cariño
a nuestras esposas Norma y Cynthia, ambas
expertas en ofrecer* **Las dos caras del amor,** *y
a George y Liz Toles, amigos fieles que siempre
nos alentaron y nos dieron el ejemplo de
una vida consagrada a Dios.*

Contenido

Capítulo Uno

Descubra las dos caras del amor

DARÍO se detuvo frente a la pizzería, y vaciló un momento antes de abrir la puerta. Sacudió la cabeza como para quitarse las dudas de último momento que todavía abrigaba acerca de este encuentro. Finalmente, con un suspiro, descartó sus temores y entró en el restaurante favorito de su hijo.

Temía tanto este encuentro que el simple hecho de cruzar el umbral le requirió toda la fuerza emocional que poseía. No sabía que pocas horas después experimentaría algunos de los acontecimientos más positivos de toda su vida.

Darío había venido a encontrarse con su hijo Carlos, de 17 años. Aunque Darío amaba a Carlos entrañablemente, sabía también que de sus dos hijos, Carlos era el que más se diferenciaba de él. Con Luis, su hijo mayor, la comunicación nunca le había ocasionado problemas. Actuaban y pensaban de una manera tan semejante que casi no necesitaban hablar. Siempre hacían las cosas juntos, como cuando iban de caza o arreglaban el automóvil. Darío siempre trataba a Luis

1

de la misma manera que trataba a sus obreros en la empresa de construcción, es decir, bruscamente. Y Luis siempre había respondido bien a ese tipo de trato; le gustaba que lo trataran así.

Pero Carlos era diferente. Darío se dio cuenta muy pronto de que Carlos era mucho más sensible que Luis. Cada vez que Darío le gritaba a su hijo para motivarlo, de la misma manera que lo hacía con su hermano, era como si escuchara el sonido de una alarma dentro de sí.

Darío había recibido grandes dosis de disciplina, pero muy poca comunicación en su vida. Es decir, había recibido la cara severa del amor. Sólo había experimentado escasamente ese afecto dulce y la aceptación que constituyen la cara tierna del amor. Y lo poco que había recibido, en la misma medida les daba a sus hijos.

Mi deber es que tengan ropa y comida; a mamá le corresponde hacer que se sientan queridos, se decía una y otra vez. Pero no se convencía totalmente de que eso era todo lo que significaba ser padre. El sabía cuán profundamente lo había herido su propio padre. Y había visto esa misma mirada de dolor centenares de veces reflejada en los ojos de Carlos.

Darío sabia cuál era uno de los aspectos más importantes del problema: Carlos había esperado, casi se puede decir demandado, una relación más íntima con él a lo largo de los años. No le bastaba que fueran juntos de caza. Carlos quería conversar cuando iban de viaje, y hasta cuando estaban cazando.

Sólo recientemente, Darío se había dado cuenta de que la única razón por la cual él y Carlos se estaban llevando bien en ese momento era porque su hijo había dejado de hablarle completamente. De la misma manera que él había actuado cuando era adolescente con su propio padre, un hombre rudo, Carlos se había retirado también a una distancia prudente, como para mantenerse fuera de su camino.

Como muchos de nosotros, Darío había estado evitando las relaciones íntimas. Durante años, su esposa y su hijo lo habían perseguido y en todo ese tiempo, él había huido de ellos tratando de mantener una distancia «cómoda» en su trato familiar.

Pero un día, Darío captó una buena imagen de sí mismo durante un retiro de hombres en la iglesia, y dejó de huir.

Ese día, en el retiro, se enfrentó con el hecho de que el amor tiene dos caras. Como muchos hombres, se había hecho experto en la cara severa del amor. El sabía administrar los castigos, pero no sabía abrazar a sus hijos. En un segundo podía señalarle algún error a Carlos, pero las palabras de estímulo sólo las dejaba para algún día de fiesta o para su cumpleaños, y a veces no las decía ni siquiera en esas ocasiones.

En el retiro de hombres Darío supo que aunque es muy importante el amor de la madre, los niños necesitan más; necesitan desesperadamente el entrañable amor del padre.

Darío era un hombre fuerte, tanto física como emocionalmente. Pero a pesar de tener una buena opinión de sí mismo hubo una pregunta que le atravesó el corazón: «¿Cuándo fue la última vez que rodeó con sus brazos a su hijo y le dijo cara a cara que lo quería?»

Darío no podía pensar en una «última vez». Más aún, no podía pensar ni siquiera en una primera vez.

Escuchó al predicador que decía que el amor genuino tiene dos caras y no solamente una. De inmediato se dio cuenta de que había estado amando a Carlos sólo con la mitad de su corazón, y que su hijo necesitaba ambas caras del amor, *de parte de la misma persona.*

Lo que su hijo más necesitaba de su padre era un hombre de carne y hueso que le mostrara cómo se ama entrañablemente a una esposa y a una familia, y no un hombre inseguro que dispensaba con esfuerzo la ternura y los gestos de amor que merecía su esposa. Darío había pasado años mostrándose firme con su hijo para poder ganar su respeto. Lo que había obtenido en lugar de respeto era temor y resentimiento. Y fue este descubrimiento lo que motivó que concertara una cita con su hijo en la pizzería, después de su práctica de fútbol.

«Hola, papá» dijo el joven extendiéndole la mano a su padre que acababa de entrar. Carlos era un muchacho alto, acostumbrado a mirar hacia abajo cuando enfrentaba a la gente. Pero esta vez miró atentamente a su padre. Aunque Darío ya había cumplido 51 años, se mantenía mucho más atlético que la mayoría de los hombres de su edad.

Carlos y su padre eran de ese tipo de personas que asusta a los dueños de un restaurante como para que le digan, cuando se asoman a la puerta: «coma todo lo que quiera por el mismo precio». Esa tarde la empleada tuvo que ir y volver muchas veces mientras devoraban una pizza tras otra. Mientras progresaba la comida, la conversación fue pasando de temas insignificantes al asunto que Darío quería tratar.

«Carlos», le dijo Darío mientras ajustaba sus espejuelos mirando ligeramente hacia abajo: «He estado pensando mucho últimamente. Me es difícil reconocer que este será tu último verano en casa y que pronto irás a la Universidad. Estarás llevando junto con las valijas de ropa otras valijas emocionales que, para bien o para mal, he ayudado a llenar durante estos años.

Carlos era por lo general el chistoso de la familia, pero esta vez en lugar de tratar de hacer bromas, se mantuvo callado. Le resultaba extraño que su padre hablara acerca de la relación que tenían. Es más, no era una persona que hablara acerca de algo serio. Por esa razón se quedó escuchando atentamente a su padre.

«Hijo, me gustaría preguntarte una cosa. Quiero que trates de pensar en tu infancia y que recuerdes todas las veces que herí tus sentimientos y nunca te pedí perdón; cada vez que dije o hice algo que te dio la impresión de que no te quería o te hizo sentir incómodo.

«Sé que somos muy diferentes. Ahora comprendo que he sido bastante severo contigo. En realidad he sido demasiado severo la mayor parte del tiempo. Ahora me doy cuenta de que traté de convertirte en la persona que yo quería que fueras, sin escucharte para saber qué querías tú llegar a ser.

«Quiero que tengas la libertad de compartir conmigo cualquier cosa que te haya herido. Estoy aquí para escucharte. Después me gustaría que conversáramos, y quisiera pedirte perdón por cada una de las cosas que recuerdes. No quiero que cargues en tu valija algo negativo que yo te haya dado, pues ya tienes bastante para enfrentar en los próximos cuatro años de Universidad.

«Me doy cuenta de que ha pasado mucho tiempo, demasiado tiempo se ha perdido», continuó su padre quitándose los espejuelos y secándose las lágrimas. Luego suspiró y miró a Carlos de frente: «A lo mejor estaremos aquí toda la tarde, estoy preparado para eso. Pero primero, déjame decirte lo mucho que te quiero y lo orgulloso que me siento de ti».

Carlos había visto las palabras «te quiero» escritas por su padre en las tarjetas de cumpleaños o de Navidad, pero esta era la primera vez que las oía. Había aprendido a esperar severidad de parte de su padre, y ahora que su voz trasuntaba amor, Carlos no sabía cómo responder.

«Papá» tartamudeó, «no te preocupes por el pasado. Sé que me quieres». Pero como su padre insistía, trató de hacer memoria y dejó que sus pensamientos volaran hacia las imágenes que se habían acumulado durante 17 años junto a él.

Poco a poco, a medida que Carlos comenzó a sentirse más seguro de que estaba en terreno firme, fue descargando años de sufrimientos. Recordó las épocas que pasó tratando de sobresalir como jugador de rugby para complacer a su padre, cuando hubiera preferido jugar al fútbol. Siempre había experimentado ese sutil resentimiento de comprobar que, no importaba cuánto se esforzara, nunca llegaría a la altura de su hermano mayor. Y recordaba las muchas veces que su padre había hecho comentarios ásperos para motivarlo, pero que en realidad lo habían desalentado y herido.

Mientras le contaba cada experiencia a su padre, Carlos podía observar en él una expresión genuinamente tierna y pesarosa. Más aún, escuchó palabras de pesar y de consuelo hasta por las cosas más pequeñas que habían herido su memoria.

Casi tres horas más tarde, esa fructífera conversación llegó a su fin. Mientras Darío pagaba la cuenta, comentó: «Sé que no te di suficiente tiempo para que te prepararas para recordar 17 años de tu pasado. De modo que recuerda que mi puerta estará siempre abierta si hay alguna otra cosa por la cual necesito tu perdón».

La cena había terminado, pero una nueva amistad dio inicio entre ellos. Después de 17 años, de vivir como extraños bajo un mismo techo, estaban finalmente en el camino hacia la reconciliación.

No hace mucho las cámaras de televisión captaron los rostros de miles de personas celebrando la caída del muro de Berlín que había dividido a la ciudad por más de 30 años. De igual manera podemos imaginarnos a una multitud de ángeles observando y celebrando esa tarde en la pizzería, cuando cayó la primera piedra de esa pared emocional entre padre e hijo.

Fue una ocasión conmovedora y tremendamente importante para cada uno de ellos. Cuando se pusieron de pie, Carlos hizo algo que conmovió a su padre. Varias personas levantaron la cabeza para observar a un fornido jugador de fútbol dándole un fuerte abrazo a un hombre igualmente fornido. Con lágrimas en los ojos, se abrazaron fuertemente sin importarles las miradas de los demás.

¿Cuáles son las dos caras del amor?

En cierto sentido Darío era un guerrero que, en el campo de juego y en la empresa de construcción había conquistado todos los desafíos que se le presentaron. Pero a pesar de todos esos éxitos nunca había ganado la batalla más grande: ganar el corazón de su hijo, hasta que lo hizo esa noche. ¿Qué había pasado? Cuando Darío asistió al retiro descubrió lo mismo que usted podrá encontrar en este libro.

Es esencial que aprendamos a equilibrar las caras severa y tierna del amor todos los días si queremos comunicarles a otros un amor más profundo y significativo.

¿Qué queremos decir por «amor severo» y «amor tierno»?, ¿por qué es importante comprender y comunicar ambos aspectos? Aunque nos puede parecer un lugar poco adecuado para encontrarla, la naturaleza nos proporciona una clásica ilustración que responde estas interrogantes.

La rosa es una de las cosas más hermosas en la creación de Dios. En nuestra cultura, la rosa significa amor, admiración sincera, o alguna otra expresión de sentimiento profundo. Las rosas pueden cultivarse para que capten y muestren todos los colores del arco iris. También poseen una enorme tersura, al igual que la piel suave de un bebé. Los pétalos aterciopelados de la rosa nos invitan a que los acariciemos.

Pero Dios sabía, cuando diseñó la rosa, que esa misma tersura que la hace un objeto de esplendor, también la convierte en una fácil presa de quienes pueden destruir su belleza. Por esa razón, junto con la suavidad, también le proporcionó la dureza de las espinas. No le quitan belleza sino que la protegen y la hacen aun más atractiva.

Lo que es cierto en el reino de la naturaleza, lo es también en el mundo de las relaciones. La cara severa del amor procura hacer lo que es mejor para la otra persona, *no importa cuál sea el precio.* Cuando el amor es equilibrado posee la habilidad de ser coherente, y de saber disciplinar, proteger, desafiar y corregir.

Es la fuerza que necesita una madre para enfrentar a su desafiante hijo de dos años en lugar de sentirse acorralada por sus demandas que demuestran inmadurez. Es el valor de un padre que arriesga su relación con una hija para señalarle cómo se ha alejado del Señor. Es el poder que un esposo maduro demuestra cada día cuando se queda a cuidar a su esposa de la juventud, que ahora padece de la enfermedad de sicosis senil, en lugar de abandonarla e irse del hogar.

Como las espinas de una rosa, la cara severa del amor es protectora, pero si se deja crecer sin vigilancia y no se poda para que crezcan nuevos brotes, la rosa se convierte en un arbusto espinoso en lugar de un rosal. En vez de atraer a las personas por su belleza, puede resultar dañina y aun provocar que la gente se aleje.

El amor severo es esencial, pero también es incompleto por sí mismo. La cara tierna del amor es el cariño que crece y llega a ser igual que el amor incondicional. Cuando se expresa en forma equilibrada manifiesta características tales como la compasión, la sensibilidad, la paciencia y la comprensión.

Es la ternura de un padre que se sienta con el brazo alrededor de los hombros de su hija, mientras esta llora la pérdida de su novio, y en lugar de decirle «te lo dije», o de darle un sermón, la acompaña en silencio. Es el aliento de una madre que manda una tarjeta de buenos augurios a su hijo el día antes de su examen final en la Universidad. Es la bondad de un hombre que todavía le hace una llamada telefónica cada año, a los padres de su amigo, como recuerdo del hijo que perdieron y para hacerles saber que no olvida, lo mucho que significaba ese hijo para ellos.

La cara tierna del amor se toma el tiempo necesario para comprender lo que siente la otra persona y escuchar, en lugar de sermonear. Se demuestra por la voluntad de acercarse y dar unas palmaditas cariñosas o abrazar a alguien. Es la sabiduría necesaria para saber cuándo decir, en especial a un hijo: «¿Me perdonas?» O: «Estaba equivocado».

Lo mismo que el amor severo, el amor tierno puede perder el equilibrio. Sin la protección de la cara severa se puede volver tan emocional e inestable que sus pétalos terminan marchitándose en el suelo.

¿Es este amor como el de las novelas? ¿No será que por tratar de comprender y equilibrar estas dos caras del amor nos arriesgamos a confundirnos? No lo creo. En realidad es la forma en que se nos hizo para que pudiéramos amar a otros. Más aún, es la manera en la que el gran Amante de todos los tiempos, Dios mismo, nos ama.

La fuente del amor

¿Se ha preguntado alguna vez cómo es Dios? Isaías, el profeta, dio dos descripciones vívidas, íntimamente vinculadas con Judá, poco antes de que el pueblo fuera conquistado y llevado en cautiverio a Babilonia durante setenta años [1]. Al final de ese período los refugiados experimentaron nuevamente la presencia de Dios y finalmente regresaron a la tierra prometida. «Súbete sobre un monte alto...», les dijo Isaías en la primera descripción, porque «He aquí que Jehová el Señor vendrá con poder, y su brazo señoreará...» (Isaías 40.9-10). En la época del Antiguo Testamento, esto significaba ser un guerrero conquistador en toda la fuerza de su carácter. Era una clara ilustración de la cara severa del amor de Dios.

Pero entonces vemos la segunda descripción vívida en el versículo 11: «Como pastor apacentará su rebaño; en su brazo llevará los corderos, y en su seno los llevará; pastoreará suavemente a las recién paridas». Dios es un pastor amante y cuidadoso que «dulcemente» atiende a aquellos que necesitan de él. Esta es una ilustración muy clara de la cara tierna de su amor.

Al pueblo no se le estaba diciendo que había dos

dioses, sino sólo uno. Sin embargo, nuestro Dios tiene dos caras en su amor: un lado severo que es coherente, decidido, protector, y cuyos juicios son poderosos y un lado tierno que es compasivo, suave, perdonador y misericordioso.

Si en verdad queremos saber lo que significa amar a otros de todo corazón, debemos comenzar mirando al que más amó en la eternidad, a Jesucristo. Amó a un mundo pecador lo suficiente como para quitarse el manto del poder celestial y nacer en un establo. Es más, nos demostró ese amor por cuanto aun cuando éramos sus enemigos, murió por nosotros en la cruz.[2]

Jesús tuvo la habilidad de darle la cara tierna del amor a Pedro cuando le dijo amorosamente: «Bienaventurado eres, Simón, hijo de Jonás, porque no te lo reveló carne ni sangre, sino mi Padre que está en los cielos»,[3] después de su gran confesión de fe. Muy poco tiempo después usó la cara protectora y severa del amor, para decirle a Pedro: «¡Quítate de delante de mí, Satanás!; me eres tropiezo, porque no pones la mira en las cosas de Dios, sino en las de los hombres».[4]

No era que Cristo fuera inconsecuente en su amor. Tampoco era una persona con altibajos emocionales, para criticar y alabar alternativamente a los demás. Más bien demostró las dos características de las que hablaba Isaías cuando describió a Dios como Señor soberano y tierno Pastor a la vez.

Como expresión visible del Dios invisible, Jesucristo nos mostró que su amor era tan tierno como para llorar la muerte de un amigo y abrazar a los niños y sentarlos sobre sus rodillas. Sin embargo era lo suficientemente severo como para enfrentar a aquellos que se oponían a los caminos de Dios y afirmar «su rostro para ir a Jerusalén» para morir.[5]

Si queremos amar de la misma manera que Cristo, nuestro amor tiene que tener tanto del lado tierno como del severo. Específicamente debemos recordar que *él fue siempre tierno con las personas pero severo con sus problemas.*

Jesús fue tierno con personas como Pedro, el joven rico y Pablo, pero decididamente severo con sus problemas de orgullo, de codicia y de odio. Fue capaz de recriminar a los fariseos que lo hostigaban, llamándolos sepulcros blanqueados y guías de ciegos. Sin embargo, cuando algún líder religioso se volvía a él con fe sincera (como pasó con Nicodemo, el joven noble o José de Arimatea), siempre encontramos que la cara tierna de su amor estaba allí lista para perdonarlo, confortarlo, mostrarle compasión y señalarle la verdad.

Cristo usaba la cara severa del amor para enfrentar el mal, pero también sabía que hay momentos en que lo que más necesita una persona es la ternura. Cuando los fariseos lo perseguían por sanar en el día de reposo condenó su dureza de corazón. Siempre hizo lo que mostraba más amor, a veces tocando, sanando o perdonando a la gente, aun cuando las reglas de los fariseos prohibían hacerlo.

¿Qué tiene que ver todo esto con el matrimonio, con la crianza de los hijos o con nuestras relaciones?

No tendremos el tipo de relaciones que reflejan la naturaleza de Dios hasta que aprendamos a amar a otros de la manera que Dios nos ama, es decir, con ambas caras del amor.

Tan pronto como Darío, cuya historia inicia este capítulo, escuchó el concepto supo que era experto en usar el lado severo del amor con Carlos. Pero cuando se trataba de expresar el aspecto tierno del amor, este brillaba por su ausencia.

El encuentro en la pizzería con Carlos fue uno de sus primeros pasos en el esfuerzo destinado a equilibrar las dos caras del amor. No le fue fácil y no vino de forma natural. Pero aprendió las mismas cosas que usted aprenderá en este libro: nuevos conceptos que lo ayudarán a agregar una cariñosa ternura o una saludable firmeza a su vida.

Cuando Darío puso estas ideas en práctica, logró una importante mejora en sus relaciones, tanto en el hogar como en el trabajo. En realidad hemos visto a muchas personas experimentar estos beneficios a medida que comprendían y aplicaban las dos caras del amor. ¿Qué fue precisamente lo que aprendieron?

- *Usted pronto descubrirá un método para identificar su punto de equilibrio personal.* ¿Se inclina su amor hacia uno u otro de los extremos? ¿Se siente como en el polo norte y como si su esposa estuviera en el polo sur, cuando se trata de ser severo o tierno? Si su cónyuge se pone severo, ¿se descubre a sí mismo poniéndose más tierno (o viceversa) para lograr alguna forma de equilibrio en su hogar?

Todo el fervor de su amor podría enfriarse en una relación matrimonial desequilibrada. Descubrir su punto de equilibrio personal es el primer modo de proteger o restaurar una relación.

- *Aprenderá de qué manera los puntos fuertes de su personalidad natural pueden provocar el desequilibrio tanto en lo que respecta al lado tierno como al severo del amor.* Muchos libros le pueden ayudar a descubrir su tipo básico de personalidad, pero no es suficiente el entender sus inclinaciones naturales. Aún de más importancia es el reconocer de qué manera sus inclinaciones naturales lo pueden colocar en una

13

relación desequilibrada, robándole, tanto a usted como a su familia, la armonía e intimidad.

- *Verá cómo puede identificar y manejar cualquier distanciamiento no saludable en sus relaciones.* ¿Percibe
  que hay demasiada distancia emocional en su matrimonio, o entre usted y sus hijos? ¿Advirtió alguna
  vez, lo mismo que Darío, una alarma interior que le
  decía que *no estaban tan cerca el uno del otro como
  debían estarlo?*

En los capítulos que siguen descubrirá cuáles son
las causas que provocan la distancia en una relación y
cómo lograr acercarse a los que ama al aplicar las dos
caras del amor.

- *Verá cómo un «punto de enfriamiento emocional» puede
  robarnos la habilidad de amarnos de todo corazón.* En
  la vida de muchos, algún acontecimiento del pasado
  los ha enfriado en una forma particular estorbando
  la relación con otros, reprimiendo así la corriente de
  amor con sus dos caras. Identificar y tratar estos
  puntos de enfriamiento es decisivo para edificar y
  proteger nuestras buenas relaciones.

- *Aprenderá diez maneras en que una persona demasiado tierna puede agregar una saludable firmeza al
  amor y diez formas en que una severa se puede volver
  más tierna.* Una vez que comprenda dónde está ubicado y de qué manera su personalidad básica lo está
  empujando hacia uno de los extremos poco saludables, descubrirá veinte formas específicas con las
  cuales equilibrar su amor y fortalecer los lazos entre
  usted y otros.

Dando el primer paso hacia el equilibrio

Darío se encontró por primera vez consigo mismo en el retiro al cual asistió. Pero ese fin de semana no significó simplemente mirarse en un espejo y luego irse sin haber cambiado. Darío se tomó el tiempo para formularse profundas preguntas y hacer aquello que lo ayudó a descubrir cuál era en realidad la medida de su inestabilidad.

En menos de cinco minutos pudo identificar dónde estaba con respecto a la cara severa o tierna en sus relaciones más importantes. Usted también podrá hacerlo a medida que siga leyendo estas páginas.

En pocos minutos descubrió un nuevo aspecto de sí mismo. Lo que es más, a medida que se acercaba a esa armonía, recuperó algo de inmenso valor: el corazón de su hijo.

Tal vez usted no tenga una relación en estado crítico, sin embargo, puede sacar el mismo provecho con este libro. Si mejora su capacidad de relacionarse con sus semejantes, no sólo su matrimonio se beneficiará, sino que también sus amistades, su familia y su trabajo. Cuando se aprende a dar y a recibir las dos caras del amor, aun las relaciones saludables se vuelven más profundas y comprometidas.

Comience tomando unos minutos para identificar dónde se encuentra hoy con relación a los demás, ya sea en el aspecto severo o en el aspecto tierno del amor. Después de este importante paso quisiéramos darle una serie de herramientas que pueden poner ambas caras del amor al alcance de su mano.

Capítulo Dos

¿Cuán severo o tierno es usted?

E n las páginas siguientes hallará una encuesta breve, pero importante, que sirve de ayuda para ver nuestras propias tendencias hacia la severidad o hacia la ternura. Es posible que se asombre de lo que descubra sobre sí mismo.

En primer lugar tenemos que hacerle una confesión al lector: De todos los libros que hemos escrito, ya sea juntos o por separado, este es el que *nosotros* hemos necesitado más, tanto en forma personal como en la relación con nuestras familias. Permítanos explicarle.

Cuando por primera vez decidimos escribir este libro nos reunimos con nuestras respectivas esposas (Norma y Cindy), para que aprobaran nuestro proyecto. Siempre las involucramos en todas nuestras decisiones sobre lo que publicamos, porque respetamos sus puntos de vista, y también porque los días y noches que implica escribir un libro no son sólo una exigencia para nosotros mismos, sino para el resto de la familia. Por esa razón nunca llevamos adelante ningún proyecto a menos que estemos todos de acuerdo.

Normalmente, cuando los cuatro nos sentamos a conversar acerca de la idea de un libro, pasamos una tarde o una velada de discusión entretenida. Luego todos llegamos a un acuerdo, generalmente por escrito, de seguir adelante con el proyecto y hacerlo en equipo.

Bueno, al menos esta es la forma en que *se supone* que queremos encarar cada trabajo. Cuando quisimos realizarlo con este libro, nunca olvidaremos lo que sucedió.

Ya hace varios años que nos reunimos por primera vez con nuestras esposas para conversar acerca de «El amor tiene dos caras». Como lo habíamos hecho en el pasado, escribimos un pequeño resumen del libro y se lo dimos por adelantado para que hicieran una revisión.

Cuando llegó el día de reunirnos estábamos seguros de que mostrarían entusiasmo por este proyecto. Ya nos parecía verlas ponerse de pie y aplaudir mientras exclamaban: «¡Adelante, muchachos!» Tal como resultaron las cosas, sí estaban de pie pero por otra razón muy diferente.

Tienen que imaginarse la escena: Nosotros de un lado de la mesa sonriendo y hablando con entusiasmo de la necesidad de comenzar a escribir este libro tan importante. Nuestras esposas del otro lado de la mesa observando nuestro entusiasmo pero sabiendo que nos faltaba algo de vital importancia.

En una presentación digna de la mejor compañía de ventas hicimos todo lo posible para que aceptaran la idea central del libro. Finalmente nos sonreímos satisfechos y nos sentamos a esperar. Todo lo que faltaba escuchar eran sus exclamaciones de entusiasmo para ponerle la firma al proyecto. Eso era lo que pensábamos.

Norma fue la que habló primero. Ella se inclina a ser tierna. Es de esa clase de personas que a toda costa evitan las confrontaciones.

«Cindy y yo hemos conversado» dijo, mirándola para buscar su apoyo, «y nos encanta la idea. Pensamos que tienen razón, parece realmente que hay dos caras en el amor. Incluso nos damos cuenta de la importancia que tiene equilibrar esos dos aspectos del amor hacia los demás. El brindar sólo una cara del amor puede provocar problemas en una familia, entre las amistades o con cualquier otro tipo de relaciones de importancia. Creemos que es una idea excelente. Más aún, está basada en las Escrituras, y pensamos que puede ayudar a muchas personas».

Hasta este punto, todo lo que ella dijo no podría habernos sonado mejor a los oídos. ¡*Sabíamos* que coincidirían con nosotros! Estábamos dispuestos a concluir la reunión y levantar el teléfono para llamar al editor cuando Norma dijo: «Pero no podemos aprobar este libro, al menos por ahora».

«¿Qué?» dijimos a dúo, quedándonos con la boca abierta.

«Ustedes dos siempre nos han dicho que quieren escribir libros acerca de cosas que han experimentado y practicado en sus casas, ¿no es así?», afirmó.

Asentimos con la cabeza sin darnos cuenta de la trampa en la que estábamos por caer. Y continuó diciendo: «Ustedes están practicando bastante lo que dicen que quieren incluir en el libro, pero antes que lo escriban, hay algunas cosas que nos parece que deben mejorar. Cuando se trata del matrimonio, los dos saben usar la cara severa del amor a la perfección, pero cuando se trata de la cara tierna, aunque sabemos que está allí, nos gustaría verla manifestarse más a menudo. Es más, aunque son buenos padres, todavía nos gustaría ver un mejor equilibrio en el trato hacia los hijos».

Yo (John) miré a Cindy con la esperanza de que dijera: «Norma, no puedo decir lo mismo de John. Tal vez sea así con *Gary*, pero no es así respecto a *mi* esposo». En lugar de eso, me produjo una especie de mareo el observar que ambas asentían con la cabeza.

Tenían razón, por supuesto (como suelen tenerla), y queríamos que nos dieran ejemplos. No deberíamos haberlos pedido.

Fuera de sí

«John», dijo Cindy con tono bondadoso, «nunca he dudado de tu entrega a Kari y a mí. Pero no eres suficientemente equilibrado cuando se trata de mostrar las dos caras del amor».

«¿Qué quieres decir?» le pregunté genuinamente extrañado.

«A veces tú me das una cara del amor, y a Kari la otra. Lo que realmente necesitamos es aquello sobre lo que quieres escribir: las dos caras del amor», me respondió.

«Danos un ejemplo» dijo Gary con una sonrisa, mientras yo lo miraba como diciendo: «Espera que llegue *tu* turno».

«Por ejemplo, fíjate en lo que sucedió después de tu último viaje», dijo Cindy. «¿Recuerdas cómo me saludaste al entrar por la puerta después de haber estado ausente por tres días?»

Desafortunadamente, sí lo recordaba. El día que

partí, ella había estado muy ocupada con nuestra hija y se había olvidado de ir a la tintorería y recoger la ropa que yo pensaba llevar conmigo. Naturalmente, yo tampoco pensé en la tintorería hasta que a mitad del viaje me di cuenta de que no llevaba mi chaqueta deportiva.

¿Y saben cuándo le hice saber los inconvenientes que tuve porque ella no recogió la ropa de la tintorería como habíamos acordado? Lamentablemente decidí decírselo tan pronto como entré a la casa.

«John», siguió diciendo Cindy, «nunca tienes problemas cuando se trata de mostrar el lado severo del amor, pero después de haber estado fuera varios días, lo que yo necesitaba cuando abriste la puerta, era tu lado tierno, tu abrazo, tu saludo cariñoso... no un sermón por haberme olvidado de la ropa».

En ese mismo momento me puse a buscar un hueco donde ocultarme. Y al darme después su *segundo* ejemplo ya estaba listo para desaparecer del mapa.

«Eso no es todo», continuó ella. «Ultimamente han sido muchas las ocasiones en que le has dado a Kari, tan solo uno de los lados del amor. ¿Recuerdas lo que pasó la otra noche con el hilo dental?»

Una vez más me había traído a la memoria algo que yo hubiera preferido olvidar.

«Eres excelente para mostrar a Kari la ternura que necesita», me dijo ella. «Pero cuando se trata de ser severo, pues también lo necesita, para que respete las reglas de la casa...»

Cindy no necesitaba decir más; yo sabía exactamente lo que me quería decir. Tenemos una norma familiar de que nadie debe usar más de cierta cantidad de hilo dental cada noche. Esa regla nació cuando Kari sacó casi 69 m. de una vez. Nos quedó claro a todos en la familia cuál era la regla, pero yo mismo no la exigía. Cuando me tocaba el turno de preparar a Kari para ir a la cama, miraba para otro lado cuando la veía sacar tres o cuatro metros de hilo dental con sabor a fresa.

«Después de todo», razonaba, «era gracioso verla... y sólo tendría cuatro años una vez en la vida... y era una regla de tan poca importancia». Pero esto comenzó a tener un efecto mucho más serio, en las relaciones entre mi esposa y mi hija, de lo que jamás hubiera pensado.

«La otra noche, cuando te fuiste de viaje», continuó Cindy, «Kari comenzó a sacar demasiado hilo dental. Cuando le dije que sólo podía sacar 30 cm. inmediatamente hizo un gesto desafiante y me dijo: "¡*Papi* me deja hacerlo!"

«¿Así que te deja hacerlo?, le dije.

«"Así es. Y ¿sabes una cosa? Quiero a papá más que a ti".

«¿Por qué dices eso?, le pregunté.

«*"Porque papi no me hace cumplir las reglas"*».

Cindy hizo una pausa que a mí me pareció de una hora, antes de seguir. «John, Kari sabe que la quieres, pero hay veces que eres demasiado blando con ella. Cuando yo cumplo las reglas de la familia y tú no lo haces, me haces parecer tan dura como una roca, cuando en realidad eres tú el que no mantienes el equilibrio».

Se acercó, me tomó la mano, y dijo con una sonrisa: «Querido, no quiero ser demasiado severa contigo. No te cambiaría por otro esposo o padre en el mundo».

«Pero ahora que lo pienso», dijo con un brillo en la mirada, «creo que tal vez *sea* una buena idea que escribas este libro. Si te ayudara a descubrir cómo ser más tierno conmigo y más severo con Kari, estoy dispuesta a darle mi aprobación hoy mismo».

Mi rostro cambió. Sonreí cuando me di cuenta de que Cindy había terminado. «*Ahora te toca a ti, Gary*», pensé. Y así fue.

«Gary», le dijo Norma con suavidad, «¿no crees que necesitas un mayor equilibrio en las dos caras del amor?

«¿Quién, yo?», pregunté (Gary).

Para refrescarme la memoria, me dijo: «¿Recuerdas lo que pasó, en aquella ocasión, con Mike y la banana?» Vivíamos en Texas por ese entonces y yo acababa de regresar de un largo viaje. Me había tocado manejar por horas, tratando de mantenerme despierto cantando y tomando café. Todo lo que se me ocurría pensar era en llegar a casa y acostarme. Al final, bastante después de la medianoche, llegamos a casa e hice que todos bajaran del automóvil.

«¡Vamos, chicos!», les dije. «¡Todos a la cama inmediatamente!»

A Mike, que sólo tenía cinco años, se le ocurrió decir lo último que yo hubiera deseado escuchar: «Papá, tengo hambre. ¿Puedo comer algo?»

«¡Ni lo pienses!», le dije denotando molestia y cansancio. «Todos estamos cansados y si te pones a comer, todos querrán hacer lo mismo. Pasará otra hora más antes que vayamos a la cama. De modo que te pones tu pijama y te acuestas inmediatamente».

«Gary», dijo Norma con un tono conciliador, «ha sido un viaje muy largo. Si el niño quiere comer algo, yo me quedaré con él unos minutos, así puedes irte a la cama».

Ahora no sólo estaba irritado con Mike por querer

quedarse levantado, sino con Norma, por poner al descubierto mi insensibilidad. Con mucha molestia le dije a mi hijo: «¿Así que quieres algo de comer? ¡Está bien!»

Tomé una banana del estante, la pelé y se la fui a meter en la boca. Lamentablemente se movió en ese momento y la banana le dio en pleno rostro en lugar de la boca.

Como Norma corrió para proteger a su hijo, se armó un alboroto. Mi egoísmo y falta de sensibilidad habían herido el espíritu de mi esposa y de mi hijo, creando un problema mayor. Estaba tan avergonzado y enojado conmigo mismo que no pude dormir esa noche.

Les pedí perdón a ambos en ese mismo momento, antes de acostarnos, pero pasaron varios días antes que todo se calmara. Y ahora Norma me recordaba la escena otra vez.

«Gary, la mayor parte de las veces eres admirable con los chicos», dijo. «Todos saben cuánto los amas y lo orgulloso que te sientes de ellos, pero ocasionalmente, en especial con Michael, puedes llegar a ser muy crítico, y cuando eso sucede, es lo mismo que si le empujaras la banana por la boca nuevamente».

En ese momento me di cuenta de lo que mi esposa me quería decir y supe, lo mismo que John, que necesitaba brindar un amor más equilibrado en mi propio hogar. En ese mismo instante me hice la promesa de tratar de lograrlo.

«Estoy de acuerdo con Cindy», agregó Norma. «La idea del libro es buena. En efecto, nada me gustaría más que verte concentrado en agregar ternura a nuestra relación y a nuestro hogar, durante los próximos años. Y cuando el libro esté listo, guardaré un ejemplar en mi mesa de noche, ¡por si me hace falta recurrir a él!»

Como ya se habrán dado cuenta, puesto que están con el libro en las manos, Norma y Cindy finalmente estuvieron de acuerdo en que escribiéramos el libro, pero sólo después de haber puesto en práctica estos conceptos durante varios meses. Esa tarde usaron los principios que usted aprenderá aquí. Sabemos que sirvieron para ayudar a fortalecer a las familias Smalley y Trent. Lo primero que lograron fue ayudarnos a identificar nuestros respectivos centros de equilibrio. Y eso es precisamente lo que le mostraremos cómo hacer a continuación.

Cómo hallar su tendencia a ser tierno o severo

Más adelante en este mismo libro, le describiremos un número de formas específicas, por medio de las cuales usted puede equilibrar los dos aspectos del amor y edificar una relación fuerte y duradera. Pero ahora, lo mismo que cuando se comienza un viaje, tenemos que saber de dónde partimos. De lo contrario, el mejor mapa del mundo no nos sería de ayuda.

Por esta razón hemos proporcionado los medios para descubrir su centro de equilibrio personal antes que todo. Así podrá comprobar personalmente cuál es su postura en cuanto al balance de las dos caras del amor.

Cuando se relaciona cada día con los demás, ¿advierte que se inclina hacia un extremo o al otro, en su trato con ellos? ¿Siente que está atrincherado en un punto lejano del lado severo de la vida, dando órdenes y criticando a todos sin mostrar acciones concretas de afecto? ¿Le es fácil ser severo con los problemas, pero más fácil aún proceder con dureza con las personas también?

¿O más bien es usted de aquellos que rara vez abandonan su actitud peligrosamente tierna? ¿Le cuesta enfrentar a alguien, o tomar la iniciativa? ¿Le cuesta actuar aun cuando sabe que debería ser firme y que otros necesitan que lo sea? ¿Es usted tan blando con las personas que a menudo actúa con debilidad ante problemas que enfrenta tanto usted como su familia, y a veces problemas muy serios?

Tal vez la pregunta más importante sea: *¿Conoce realmente qué opinión tienen de usted aquellos que lo observan más íntimamente en su relación cotidiana?*

Si lleva a cabo la autoevaluación que aparece a continuación descubrirá su punto de equilibrio personal. Es posible que no vea la necesidad de esa autoevaluación, pero aquellos que viven con usted probablemente sí lo harán. Así que por amor a ellos, tómese los próximos cinco minutos y siga las instrucciones para saber cómo proceder.

Descubra su punto de equilibrio personal

A continuación aparece la autoevaluación que consta de 20 puntos. Comience pensando en alguna persona cercana a usted (si está casado en su esposa, si es soltero en un amigo íntimo o sus padres). Luego, trace un círculo alrededor del número que mejor represente la forma en que actúa hacia esa persona. Asegúrese de responder de acuerdo con la manera en que lo está haciendo *actualmente* y también con la que más *frecuentemente* responde a esa persona. Es decir, no de acuerdo con la forma en que le *gustaría* ser en el futuro, ni tampoco de la manera en que *ocasionalmente* lo hace.

Le recomendamos asimismo, que sea la persona más cercana a usted la que llene el cuestionario basándose en lo que *él o ella* ve en usted. A continuación los dos pueden discutir los resultados prestando atención especialmente a cualquier diferencia en la percepción que se produzca.

Un hombre, quien tenía una personalidad fuerte, se clasificó a sí mismo en el centro de la escala de actitudes tiernas la primera vez que hizo el cuestionario. Sin embargo, cuando su esposa lo evaluó, salió más parecido a Atila el rey de los hunos, que a la madre Teresa. Le llevó un tiempo superar su sorpresa. A medida que conversaban acerca de sus diferentes formas de ver su conducta cotidiana, fue surgiendo una de las discusiones más iluminantes y de mayor ayuda que tuvieron durante muchos años.

Para agregar datos es posible que le convenga llenar el cuestionario de nuevo, basándose en la manera en que responde a cada *hijo o hija* en el hogar. Si son suficientemente grandes, pídales que también ellos lo evalúen a usted.

A medida que preparábamos el cuestionario, invitamos a familias enteras a sentarse a la mesa del comedor y participar de él como parte de una reunión informal. Al existir la libertad necesaria para discutir la puntuación de cada uno y dejar que se manifiesten los sentimientos y problemas que rodean a las personas, hemos podido observar vez tras vez que esta experiencia comienza a destruir las barreras que distancian y hace que la familia se vuelva más unida.

Finalmente, tenga cuidado de que este cuestionario sólo sea una ventana desde la cual observar la vida de otras personas y no un instrumento con el cual poder atacarlas. Y si encuentra a sus seres queridos inclinados hacia uno de los extremos, tenga cuidado de no humillarlo. Siempre es mejor dejar que descubran en dónde están ubicados haciendo ellos mismos su propia evaluación, que señalarles sus deficiencias.

Tenga presente que no importa cuál sea hoy su puntuación sino que podrá desplazarse en el futuro hacia un equilibrio sano. Más adelante, detallaremos diez formas específicas que lo ayudarán a adquirir más ternura si es excesivamente severo. También describiremos diez formas que lo ayudarán a volverse más severo si es que en la actualidad demuestra una ternura peligrosa. Hay mucho espacio dentro del cual todos podemos crecer cuando se trata de expresar las dos caras del amor.

Encuentre el punto de equilibrio personal

Ejemplo:
Toma la iniciativa   Sigue a los demás

1   2   3   4   5   6   (7)

Si usted es de aquellos que siempre toman la iniciativa rápidamente en su relación con otro, trace un círculo alrededor del 1. Si es de aquellos que tienden a seguir la mayor parte del tiempo las directivas y deseos del otro, trace un círculo alrededor del número 7. Y si cree estar en medio de ambos extremos, trace un círculo alrededor de cualquiera de los números que mejor represente la manera en que se vincula a su ser querido.

Evaluación: tierno/severo

¿Cómo se inclina a actuar en su relación con

_Claude_____ ?

(nombre de su ser querido)

1. Toma la iniciativa   Sigue a los demás

   1   2   3   4   5   (6)   7

2. Exigente   Complaciente

   (1)   2   3   4   5   6   (7)

3. Enérgico   Reservado

   (1)   2   3   4   5   6   (7)

4. Se fija metas propias   Deja que otros le fijan metas

   (1)   2   3   4   5   6   7

5. Se controla a sí mismo   Le falta disciplina

   (1)   2   3   4   5   6   7

6. Toma decisiones con rapidez   Titubea ante una decisión

(1) C   2   3   4   (5)   6   7

7. Prefiere saber los hechos   Prefiere compartir sentimientos

(1) C   2   3   4   5   6   (7)

8. Le gusta alentar al otro   Le gusta complacer

(1) C   2   3   4   5   6   (7)

9. Es muy competitivo   No le gusta competir

(1) C   2   3   4   5   6   (7)

10. Egoísta   Le gusta compartir

(1) C   2   3   4   5   (6)   7

11. Se siente seguro de sí   Es tímido

(1) C   (2)   3   4   5   6   7

12. Expresa su enojo hacia los demás   Guarda el enojo

    1   2   3   4   5   6   (7)

13. Se resiste a la corrección   Es muy dócil

   (1)   2   3   4   5   6   (7)

14. Comparte sus opiniones abiertamente   Las oculta

   (1)   2   3   4   5   6   (7)

15. Se desempeña bien ante una exigencia   Se ofusca

   (1)   2   3   4   5   6   7

16. Sermonea a la persona herida   Escucha y consuela

   1   2   3   4   5   (6)   7

17. Guarda rencor   Perdona con facilidad

   (1)   (2)   3   4   5   6   7

18. Fija normas rígidas   Es flexible con las normas

    (1)   2   3   4   5   (6)   7

19. Es severo con las personas   Es cariñoso con ellas

    (1)   2   3   4   5   (6)   7

20. Es severo con las faltas   Es blando con ellas

    (1)   2   3   4   5   (6)   7

Evaluación:

Total de números marcados = _____

Marque el total de puntos con una «X» en la línea de abajo.

Lado severo	**Índice de intensidad**	Lado tierno

20   40   60   80   100   120   140

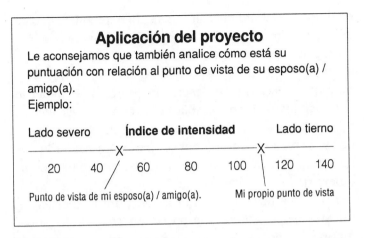

Aplicación del proyecto

Le aconsejamos que también analice cómo está su puntuación con relación al punto de vista de su esposo(a) / amigo(a).

Ejemplo:

Lado severo	**Índice de intensidad**	Lado tierno

20   40   60   80   100   120   140

Punto de vista de mi esposo(a) / amigo(a).   Mi propio punto de vista

Muchas personas descubren que su puntuación está alrededor de 75 a 105. Esto indica comúnmente la habilidad de dar y recibir ambas caras del amor. Los que tienen una puntuación inferior a 65 ó superior a 115, están expresando más fuertemente un aspecto que el otro. No importa cuál sea su puntuación, usted descubrirá que el material de los capítulos siguientes le resultará de gran ayuda para desarrollar o mantener la habilidad de expresar severidad o ternura cada vez que sea necesario.

Recuerde que su puntuación debe ser comprobada por alguno de sus seres queridos o por un amigo, para ver cómo lo ven otras personas. Una vez tras otra hemos visto que las personas se adjudican una puntuación media, mientras que el que está cerca a dicho individuo lo coloca en uno de los extremos.

Si realmente queremos establecer relaciones duraderas, es importante encontrar un punto de equilibrio personal. Esto es solamente el primer paso, en el desarrollo de un amor maduro. No es suficiente saber dónde estamos. También necesitamos saber cómo llegamos a ser de esa forma y cómo hacer los cambios necesarios para poder equilibrar las dos caras del amor.

En los siguientes capítulos veremos que hay algo más que necesitamos descubrir que está de acuerdo con todo lo que hemos hablado hasta ahora. En efecto, para ser capaces de equilibrar nuestro amor hacia otros, debemos comprender lo que quizá sea el factor más importante que puede impulsarnos hacia cualquiera de los dos extremos.

Nos estamos refiriendo a los puntos fuertes de nuestra personalidad que poseemos como individuos. Algunos de nosotros tenemos naturalmente un temperamento severo hacia las personas, pero luchamos para mostrarnos afectuosos y decir palabras de elogio. A otras nos resulta fácil mostrar comprensión, mientras que la necesaria severidad para enfrentar problemas o tomar posturas firmes se nos escapa con facilidad.

Es claro que comprender nuestro temperamento recibido de Dios nos ayudará a ver las causas más comunes de la falta de armonía familiar. Nos proporcionará los recursos prácticos para resolver los continuos disgustos que ocurren en nuestro hogar. Aumentará sensiblemente nuestros sentimientos de respeto por nuestros seres queridos, y nos dará razones adicionales para honrar a Dios. Todo esto comienza cuando vemos lo poderosas que son nuestras disposiciones naturales una vez que han sido impulsadas, aunque sólo sea ligeramente, fuera de su centro de equilibrio, y cómo afectan nuestras capacidades para dar y recibir ambas caras del amor.

CAPÍTULO TRES

¿Hacia qué lado se inclina usted?

NO puedo creerlo, la relación que tengo con mi hija ha cambiado totalmente. Hemos pasado las mejores seis semanas de todos estos años. Ni siquiera mi esposo puede creerlo. ¡Qué lástima que no supe antes lo que Julia necesitaba realmente!»

Era una fría noche de invierno y un grupo se había reunido para hacer su estudio bíblico semanal. Frente a mí (John), estaba una mujer joven, atractiva, de treinta y tantos años, que se apuró a decirme tan pronto como llegó: «Hace seis semanas oí su presentación en otro grupo con respecto a la necesidad de ofrecer las dos caras del amor. Hice el autoexamen que dio y pude comprender que estoy inclinada a ser severa respecto a los problemas. Pero ese día vi también que era demasiado severa con la gente, especialmente con mi hija.

«Julia tiene once años y sus inclinaciones naturales son muy diferentes a las mías. Apenas lo advertí me di cuenta de que toda la vida le había estado imponiendo exigencias para ser más rápida y eficiente, mientras ella cada vez se volvía más lenta y hacía cada vez menos de lo que le pedía. Finalmente comprendí cuán diferentes somos. Para ella existe una profunda necesidad de hacer las cosas correctamente y de terminar un proyecto antes de iniciar el siguiente, pero hasta ahora nunca se me había ocurrido que eso fuera de valor.

«Puede preguntarle a mi esposo», dijo, mientras ponía su brazo alrededor de los hombros del hombre que acababa de entrar. «El solía ser el árbitro en la casa para evitar que Julia y yo nos sacáramos los ojos. Pero durante estas últimas semanas, he dejado de usar un cronómetro para apurarla con sus deberes o insistir que escriba 'cualquier cosa' en una postal para poder llevarla rápidamente al correo. He comenzado a alabarla por ser tan meticulosa en lugar de criticarla. Al fin creo que la comprendo y veo que eso ha cambiado totalmente nuestra relación», continuó entusiasmada. «En realidad me ha hecho cambiar de una persona excesivamente severa, a una persona increíblemente tierna».

¿Qué había logrado ese cambio tan radical en la relación de esa mujer con su hija? Ella ya sabía (y el autoexamen que realizó se lo confirmó) que era extremadamente severa por naturaleza. Pero cuando tomó el paso siguiente y descubrió las tendencias básicas de su personalidad, aprendió varias cosas que le ayudaron a incorporar armonía en la expresión de su amor. Además, provocaron cambios positivos en el comportamiento de su hija. Las verdades que ella aprendió podrán establecer una diferencia radical también en sus relaciones.

- *Usted descubrirá la razón principal por la cual las personas son impulsadas, ya sea hacia el lado severo o hacia el lado tierno del amor, y sabrá cómo corregir el problema.*

Los niños parecen llegar totalmente equipados con una tendencia de la personalidad dada por Dios; e incluso de adultos, tendemos a expresar claramente nuestras tendencias naturales. Por ejemplo, Proverbios 22:6 es un versículo familiar que dice: «*Instruye al niño en su camino, y aun cuando fuere viejo no se apartará de él*».

En realidad, en el lenguaje original del Antiguo Testamento ese versículo dice: «*Instruye al niño de acuerdo con su tendencia*», (o su camino). Son tan pronunciadas estas tendencias naturales que un hombre a quien respetamos mucho, el doctor Ross Campbell, cree que se pueden percibir aun en un recién nacido.[1]

En unas pocas páginas le mostraremos cómo descubrir los puntos fuertes de su propia personalidad. Le proveeremos una prueba para ayudarlo a reconocer y valorizar los puntos fuertes de otra persona, así como los suyos propios, de una manera en la que tal vez jamás lo haya hecho. Al compartir esta prueba con miles de solteros y parejas por todo el país, hemos visto que el discernimiento que se obtiene lleva a muchas parejas y familias a un rápido acercamiento.

Además de descubrir sus puntos fuertes naturales, usted verá cómo al desplazarse a un extremo lo pueden arrastrar a un desequilibrio, ya sea hacia el lado tierno o hacia el severo. De las cuatro tendencias naturales que las personas expresan, dos tienden a llevarlas a un desequilibrio hacia el lado severo. Las personas con estas tendencias se inclinan a ser severas con los problemas. Desafortunadamente, también se pueden volver muy severas con sus semejantes.

Los otros dos tipos de personas se inclinan hacia el lado tierno de las relaciones humanas. Su punto fuerte es el de respaldar a los demás. Pero muy a menudo también son demasiado blandos ante problemas que requieren una respuesta severa.

Realizando el autoexamen que le proveemos, usted podrá ver cuál es su propio punto fuerte y el de otras personas. Luego, con la ayuda de los capítulos que siguen, podrá decir de qué manera tiende a dejarse llevar por estas inclinaciones. Pero esos son sólo dos beneficios que logrará al realizar esta investigación. Hay más.

Al comenzar el siguiente capítulo, usted podrá comprender inmediatamente cuál es la razón de muchos conflictos familiares, y aprenderá cómo se pueden resolver.

Es increíble la cantidad de conflictos familiares que son provocados por considerar los puntos fuertes naturales de los demás como si fueran debilidades. Una clara comprensión de aquello que naturalmente motiva a otra persona puede impulsar a sentir mayor compasión, paciencia, solidaridad y afecto por ella. Lo que es más, usted verá cómo los puntos fuertes naturales de la personalidad, si no están en armonía, pueden convertirse en su mayor debilidad y el punto más irritante de su comportamiento. El saberlo le resultará de mucha ayuda, particularmente si sufre tensiones en su vida familiar.

Las personas de diferentes temperamentos manejan las tensiones de diferentes maneras. Por ejemplo, las dos inclinaciones naturales que conducen a ser «duro» o severo, muchas veces tienden a hacer que las personas se conviertan en cada vez más controladoras de los demás y de las situaciones. Si con esto fracasan, no es raro que abandonen la lucha y desistan del problema. Por otra parte, las dos inclinaciones que conducen al lado «tierno» o permisivo, suelen hacer que las personas desistan demasiado rápido, o que se pongan muy locuaces o emocionales para conseguir lo que quieren.

- *Usted podrá saber cómo manejar su propia debilidad.* ¿Puede pensar en una esfera problemática de su vida presente o pasada? Si le pidiéramos que escribiera sus tres debilidades mayores en una tarjeta de 7 x 12 cm, ¿podría hacerlo? ¡Muchos de nosotros apenas tendríamos espacio para comenzar la lista! En efecto, ¡estaríamos buscando una caja de tarjetas para finalizar el proyecto!

Muchas personas, particularmente los cristianos, son expertos en conocer sus debilidades. Pero sin darse cuenta, precisamente por concentrarse en sus debilidades, es que realmente están anulando su capacidad para manejar esas esferas problemáticas. Es por eso que *no hay manera de superar una debilidad, sin antes conocer nuestros puntos fuertes. ¿Por qué?*

Casi sin excepción, nuestras debilidades son reflejo de cómo nuestros puntos fuertes son arrastrados hacia un extremo. Por ejemplo, una inclinación tierna a menudo incluye la habilidad de escuchar atentamente a otros. Esta característica positiva impulsada hacia un extremo puede convertirse en una debilidad. Por momentos, nuestra capacidad para escuchar puede impedir que formulemos las preguntas difíciles que hay que hacer. A veces podemos escuchar tantos problemas de otros que nos sobrecargamos demasiado, y quizas nunca tomamos tiempo para revelar nuestras propias heridas e intereses.

Otro individuo puede poseer la inclinación natural

de ser un pensador crítico, severo. Mientras mantiene el equilibrio, ese talento puede hacerlo bueno para analizar a fondo temas o proyectos. Pero si esa tendencia pierde el equilibrio, la habilidad de desmantelar un problema podría usarse también para «desmantelar» a las personas.

Cuando utilice el formulario de evaluación personal al final de este capítulo, usted verá sus tendencias de una manera más clara o bajo una luz diferente. En efecto, hemos visto que muchas personas después de haber realizado esta prueba, ven por primera vez que Dios las creó de una manera singular.

- *Usted descubrirá una clave importante para parecerse a Cristo.*

El conocer más acerca de estas inclinaciones naturales puede ayudarnos también a ver el amor de Cristo, en una manera más clara y profunda. ¿Cómo puede lograrse esto?

Por un lado, la manera en que Jesús trataba con las personas demuestra que él tenía los puntos fuertes de las cuatro personalidades básicas, pero en perfecto equilibrio. Viendo esas inclinaciones en la perfección de la persona de Cristo nos puede desafiar a que nos acerquemos a él como nunca antes.

La utilización de nuestras tendencias para equilibrar el amor

Sabemos que hoy en día existen muchas pruebas excelentes para determinar la personalidad. En dichas pruebas hemos examinado más de 30 elementos diferentes, que proporcionan un buen indicio sobre cuál es nuestro temperamento básico.

Sin embargo, nuestro propósito aquí es buscar los distintos tipos de personalidad a través de un enfoque muy diferente. Por eso presentamos nuestros propios instrumentos para ayudarle a ver claramente, cómo sus tendencias afectan específicamente su habilidad de ofrecer las dos caras del amor a su familia y a sus amigos.

Al crear nuestro cuestionario hemos tratado de tener en cuenta dos temas importantes. Primero, pensamos firmemente que la conducta no puede ser categorizada o rotulada con facilidad. No todos los tipos de personalidad entran en cuatro categorías. Es por eso que recalcamos que cada persona es una mezcla de cuatro tendencias naturales. En efecto, a pesar de que la mayoría de las personas van a tener una o tal vez dos tendencias personales primarias, cada uno de nosotros necesita nutrirse de las cuatro para fomentar relaciones humanas firmes.

Normalmente, las personas logran verse en una categoría con una segunda inclinación menos dominante. Sin embargo, nuestra meta no es refrenar la conducta por medio de clasificaciones. Más bien esperamos que las evaluaciones ilustren dónde estamos hoy, para que mañana podamos usar más fácilmente las cualidades de todas las tendencias, y compartir con otros las dos caras del amor.

Segundo, queremos captar estas inclinaciones naturales de manera que sea fácil comprenderlas y recordarlas. Por eso elegimos describirlas utilizando animalitos como símbolos.

Fue Corrie ten Boom quien nos inspiró a enseñar utilizando objetos. Es más, como una manera de mantenernos fuera de clasificaciones estrictas, nos gusta utilizar nombres de animales para sugerir más vitalidad a las diferentes inclinaciones. Si a usted no le gusta imaginarse como un animalito peludo creado por Dios, siéntase libre de cambiar los títulos descriptivos por algo con lo que se sienta más cómodo.

Teniendo todo esto en cuenta, lo invitamos a tomar la prueba de los puntos fuertes personales. Al hacerlo, verá de primera mano cuáles son dichos puntos. Lo que es más, verá cómo pueden armonizar sus puntos fuertes naturales con los puntos fuertes naturales de otros miembros de su familia.

Cómo hacer la prueba de los puntos fuertes personales

Hemos tratado de hacer la prueba de la forma más simple posible, lo que no es usual en el caso de muchas pruebas. Por ejemplo, una prueba popular de personalidad tiene más de 300 preguntas donde se cuestionan asuntos tales como: «¿Huele usted cosas que los otros no huelen?» o «Cuando mira televisión, ¿entra en discusión con otros?»

En la prueba de los puntos fuertes personales, todo lo que tiene que hacer es trazar un círculo alrededor de unas simples palabras que lo describan. Entonces, con esa información, le mostraremos específicamente cuáles son sus únicos puntos fuertes y por qué lo hacen una persona tan especial en todas sus relaciones personales.

Para completar la prueba, sólo lea lo que se encuentra debajo de las cuatro columnas (las mismas son L, C, N y P) y *trace un círculo alrededor de cada palabra o frase que pareciera describir la característica permanente de su carácter*. Luego, sume la cantidad de palabras que ha rodeado con un círculo, en cada casilla. Finalmente, hay sólo un paso más: *duplique su puntuación para llegar a una suma total en cada columna.* ¿Podría otra prueba ser más fácil?

Si estas son todas las instrucciones que necesita, siga adelante y realice la prueba. Pero si usted es el tipo de persona que piensa que estas cosas tendrían que ser más complicadas, he aquí algunos detalles adicionales.

Como se habrá dado cuenta, cada columna tiene 14 palabras o grupo de palabras (tales como: «Se hace cargo», «determinado» y «firme») y una frase (como: «¡Hagámoslo ahora mismo!»).

En la primera columna (que tiene encima una «*L*»), quizás lea cada palabra y frase y luego trace un círculo tan sólo alrededor de una palabra que represente una característica bastante constante de su carácter. O por el contrario, podría decidir que las 14 palabras, además de la frase, son apropiadas para describirlo. En ese caso va a terminar con quince elecciones encerradas en un círculo.

Recorra cada columna haciendo un círculo alrededor de la mayor cantidad de palabras y frases que describen cómo actúa más frecuentemente. Luego duplique el número de palabras que ha encerrado en los círculos, para llegar a una puntuación total para cada columna.

Recuerde que si no encierra en un círculo al menos una palabra o frase de alguna de las cuatro columnas, ¡probablemente no tenga personalidad! (¡He aquí un problema fuera del alcance de este libro!)

Finalmente extraiga la puntuación total de todas las columnas y transfiérala al gráfico que aparece debajo de la prueba. Lo último que hacemos es algo que la mayoría de nosotros lo disfruta: ¡Contar los puntos!

Mantenga dos cosas en la mente mientras hace esta

a autoevaluación. Primero, trace un círculo alde las respuestas basándose en cómo se relaciona con las personas en su familia, es decir, con las personas más importantes de su vida. Sin embargo puede, si lo desea, hacer una copia de esta prueba y repetirla basándose en cómo reacciona ante las personas en el trabajo. ¿Por qué?

Muchas personas tienden a cambiar su conducta y actitudes al ir de la casa al trabajo. Hemos visto a muchos hombres, por ejemplo, que son tremendamente severos en el trabajo pero cuando vuelven a casa son desequilibradamente tiernos. Usted descubrirá que el ser de una manera en la casa y otra en el trabajo es la fuente de mucha de su tensión personal.

Segundo, asegúrese de encerrar en un círculo las respuestas basadas en quién es usted verdaderamente y cómo actúa en realidad ante los demás. No como *desearía* ser o como siempre *quiso* ser. Algunas pruebas incluyen una serie de «mentiras» (preguntas que revelan contradicciones) para obligar a las personas a ser sinceras con las preguntas. No hemos optado por hacer esto con la presente prueba.

¿Puede alguien parecer «mejor» de lo que es realmente? Seguramente. ¿Pero acaso lo haría usted? No, si lo que quiere es una evaluación sincera de quién es y cómo se relaciona con los otros. Por eso les pedimos también, que logren que un ser querido, o un amigo íntimo, llene la prueba basado en cómo *ellos* lo ven. Es una manera de obtener un análisis más objetivo.

Prueba de los puntos fuertes personales

Trace una vez más, en cada columna, un círculo alrededor de la palabra o frase que describa la característica más habitual de su carácter. Haga un total de los círculos en cada columna, luego duplique su puntuación. A continuación, tome la puntuación total de dichas columnas y póngala en el gráfico. Tómese ahora unos minutos, para completar la prueba y llenar el gráfico antes de continuar.

Luego de haber realizado la prueba y transferido su puntuación al diagrama, ¿qué significan estos resultados?

Las cuatro letras superiores de cada sección representan los cuatro tipos básicos de personalidad, que describiremos con más detalles en los capítulos que siguen. Cada una tiene la clave para saber si tendemos a ser severos o tiernos en nuestras relaciones con las demás personas. Como verá, cada una es una combinación de los cuatro tipos. Pero por ahora, echemos una breve mirada a los cuatro animalitos.

Una puntuación alta en la línea «L» son aquellos que llamaremos *leones*. Los leones son líderes que asumen el mando. Normalmente son los jefes en el trabajo ¡o por lo menos piensan que lo son! Son decididos, personas que quieren ver resultados, que actúan, nunca como meros observadores u «oidores». Les encanta resolver problemas. Sin embargo, desafortunadamente si no aprenden a usar ambos lados del amor, su tendencia natural «severa» puede causar problemas en su trato con otros.

Una puntuación alta en la línea «C» son aquellos que llamaremos *castores*. Los castores tienen una fuerte necesidad de hacer las cosas «bien» y «según las reglas». En efecto, ¡son el tipo de personas que leen realmente, las instrucciones de los manuales! Les gustan los mapas, los gráficos y todo lo que tenga que ver con la organización. Y son grandiosos para ejercer control de la calidad, tanto en el hogar como en el trabajo.

Debido a que les resulta tan importante mantener las reglas, la coordinación y el alto nivel, comunican a menudo el lado severo del amor, lo mismo que los leones. Los castores tienen sentimientos muy profundos para aquellos a quienes ama. Pero para aprender a equilibrar los dos lados del amor, generalmente les hace falta adquirir la habilidad de comunicar el afecto y la ternura, de manera que otros los sientan y comprendan con claridad.

Los que tienen una puntuación alta en la «N» son las personas que llamaremos *nutrias*. Individuos excitables, divertidos, que les encanta animar a los otros y siempre están conversando. Son excelentes para motivar a los demás, y necesitan estar en un ambiente en el que puedan hablar y tener voz y voto en decisiones de importancia. La naturaleza extrovertida de estas personas las hace excelentes para establecer contactos y relaciones humanas: «generalmente conocen a alguien, que conoce a alguien, que conoce a alguien...» ¡El problema es que por lo general se olvidan del nombre de las personas! Pueden ser afectuosos con los demás, y también brindarles aliento (a menos que estén bajo tensión por algún motivo, en cuyo caso tienden a usar su capacidad verbal para atacar a otros). Pero debido a su fuerte deseo de ser queridos, a menudo no logran ejercer la severidad necesaria con relación a los problemas y como resultado provocan mayores complicaciones.

¿Hacia qué lado se inclina usted?

León

Asume el mando	Audaz
Determinado	Resuelto
Agresivo	Toma decisiones
Firme	Líder
Decidido	Tiene metas
Competidor	Confiado en sí mismo
Disfruta los desafíos	Intrépido

«¡Hagámoslo ahora mismo!»

Duplique el número de palabras
encerradas en cada círculo_____

Castor

Pausado	Penetrante
Controlado	Detallista
Reservado	Analítico
Pronosticable	Investigador
Práctico	Preciso
Ordenado	Persistente
Objetivo	Puntual

«¿Cómo se hizo esto en el pasado?»

Duplique el número de palabras
encerradas en cada círculo_____

Nutria

Acepta riesgos	Le gusta divertirse
Visionario	Le gusta la variedad
Impulsor	Le gustan los cambios
Enérgico	Creativo
De palabra fácil	Le gustan los grupos
Promotor	Se lleva bien
Evita detalles	Optimista

«¡Confía en mí! ¡Todo va a salir bien!»

Duplique el número de palabras
encerradas en cada círculo_____

Perdiguero

Leal	De fácil adaptación
No exigente	Compasivo
Estable	Considerado
Evita conflictos	Promueve el bienestar
Disfruta la rutina	Paciente
Evita cambios	Tolerante
Busca relaciones profundas	Escucha bien

«Mantengamos todo como está.»

Duplique el número de palabras
encerradas en cada círculo_____

Diagrama de puntos fuertes personales

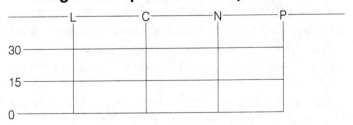

47

Los que tienen una puntuación alta en la «P» son los *perros perdigueros.* Estas personas son por naturaleza tal como lo es su símbolo. Si tuviéramos que elegir una palabra para describirlas sería *lealtad.* En efecto, son tan leales que pueden absorber heridas emocionales y ofensas *muy* fuertes en sus relaciones, sin por eso dejar de mantener la amistad. Son muy buenos para escuchar, simpatizar con otros y alentarlos. Es decir, los puntos fuertes de la cara tierna del amor, pero tienden a ser tan complacientes que se ven en dificultades para agregar el lado severo del amor cuando es necesario. ¡Con todos estos animalitos corriendo en medio de las familias, las iglesias y las oficinas, la vida puede transformarse en un zoológico! De modo que, ¿cómo podemos proceder a domesticar esta versión del «Reino Salvaje»? Como usted podrá ver, en el próximo capítulo, la respuesta está en aprender de qué manera cada una de estas personalidades puede llegar a expresar las dos caras del amor, y también descubrir lo que les impide hacerlo.

Miremos primeramente los animales que despliegan de forma más natural el lado severo del amor, los leones y los castores y cómo tienden a responder en las relaciones familiares y laborales. Después de eso nos concentraremos en los dos animales que tienden a reflejar el lado tierno del amor, las nutrias y los perros perdigueros. Finalmente consideraremos diez formas específicas en que las personas con el lado severo del amor, aprenden a agregar consideración a sus vidas, seguidas de diez formas específicas en las que las personas con el lado tierno del amor pueden agregar la tierna severidad que necesitan.

Todo este análisis dará comienzo echando una mirada a aquellas personas, que a menudo reflejan una actitud de «reyes de la selva» en sus relaciones laborales y personales: nuestros amigos, los leones.

CAPÍTULO CUATRO

Descubra los puntos fuertes de un león

LOS leones poseen un número admirable de puntos fuertes que muestran su severidad. Son decididos, resueltos y realmente eficientes cuando se trata de superar algún desafío.

Sin embargo, al igual que con las otras personalidades, si sus puntos fuertes no están en armonía con el resto de su personalidad, esas características pueden convertirse en sus más grandes debilidades.

Recientemente nos enteramos de la historia que cambió la vida de un niño de ocho años de edad, cuyo padre sabíamos que había logrado la puntuación de león. Este hombre era el gerente de ventas de la compañía en que trabajaba, pero sentía íntimamente que algún día llegaría a ser el dueño. Su empeño de progresar en el trabajo hacía que estuviera ausente de su casa la mayor parte del día y sólo les brindaba las sobras de su cariño a su esposa y a sus hijos.

En uno de esos pocos sábados en que decidió quedarse en su casa, se le acercó el hijo. El sentado en su sillón favorito, leía el periódico.

Por un momento, el muchachito se mantuvo de pie junto a su padre sin decir una palabra. Este severo padre trató por todos los medios de pasarlo por alto, mostrando un gesto lo más serio posible. Finalmente, cuando se dio cuenta de que el hijo no tenía intenciones de irse, bajó el periódico y le dijo ásperamente: «¿Qué es lo que quieres?»

Su hijo sonrió y le extendió un puñado de billetes y monedas: «Aquí tienes papá», le dijo mientras se los entregaba.

«¿Para qué es esto?», le preguntó el padre.

«Esto es todo lo que tengo en mi alcancía. Son ocho dólares y cincuenta y cuatro centavos. Te los daré papá, si te quedas en casa y juegas conmigo».

Ese padre «león» había pasado su vida poniendo el trabajo antes que la familia. Cuando no estaba trabajando, estaba descansando para poder trabajar. No dejaba tiempo para jugar con su hijo porque sentía que no estaba «produciendo» cuando jugaba. Pero su hijo finalmente tocó el punto vital de su corazón cuando le hizo ver que estaba dispuesto a dar todo lo que tenía por obtener un poco del tiempo de su padre.

Características del león típico

Naturalmente, no todos los leones son tan severos como este hombre. Sin embargo desde muy temprana edad, hay siete características que resaltan en la conducta típica del león. Es más, tienden a continuar presentes en el matrimonio y en el trabajo.

Los puntos fuertes que poseen hacen que estos leones enfrenten con naturalidad los problemas, de una manera «severa». Pero el desafío más grande al que hacen frente los leones es poder agregar la suficiente suavidad a su estilo natural para evitar ser demasiado bruscos con *las personas.*

¿Cuáles son las características comunes a todos los leones?

1. Los leones son líderes naturales

¿Alguna vez ha tenido la sensación de que su hijito o su hijita es quien le da permiso para hacer algo? Si es así, probablemente es el padre de un león. Desde muy tierna edad a los leones les gusta dominar la situación. A medida que crecen, naturalmente, obtienen posiciones de liderazgo tanto en la escuela, como en el trabajo y la iglesia. Se sienten más cómodos cuando dictan las reglas. Como me dijo un amigo «león»: «Desde que entré en la escuela no hubo grupo que yo no dirigiera».

Los leones tienden a encontrar motivaciones propias y no necesitan ayuda para mantenerse activos. En efecto, al igual que Pedro y Pablo en las Escrituras, lo que necesitan es estar bien orientados. Por lo general, están orientados en una dirección elegida por ellos, y esperan que los demás los sigan.

Los leones son tan inclinados al liderazgo que a menudo se resienten cuando otros intentan dirigirlos. Cuando son niños, sus padres con frecuencia piensan que deberían colocar su foto en la tapa del libro del Doctor Dobson titulado *Cómo criar a un niño difícil.* Y si bien esta característica puede ayudarlos a ser fuertes e independientes en la vida es sumamente importante que aprendan que los mejores líderes saben también seguir a otros. Aunque no fuera nada más que esto, necesitan recordar que toda persona tiene un jefe, aunque ese jefe sea Dios.

A lo largo de los años hemos conocido muchos líderes cristianos. ¿Se imagina a quiénes encontramos a menudo en los ministerios más altos de las iglesias?: A los leones. Han usado su natural tendencia dura en el liderazgo, y les ha servido para llevar adelante una misión e inspirar a otros en iguales tareas de liderazgo. Pero ser líder no es lo único que desean ni es tampoco su único punto fuerte.

2. A los leones les gusta llevar a cabo cosas que tengan resultados inmediatos

Algunos padres nos han comentado que sus hijos-leones comenzaron a dar órdenes tan pronto como nacieron. Puede que no estén tan lejos de la verdad.[1] Pero a los leones les gusta estar a cargo de las situaciones y controlarlas por una razón específica: *Sienten de manera muy intensa, que la vida es una serie de problemas que necesitan resolver o de desafíos que deben enfrentar.*

Este poderoso deseo de llevar a cabo algo, a menudo significa que pueden hacer lo aparentemente imposible. En efecto, la mejor manera de motivar a un león es decirle que no puede hacer un trabajo. Si se le dice eso, obsérvelo cómo se las arregla para hacerlo.

¿Qué es lo que significa este punto fuerte cuando se ejercita en el ambiente hogareño? La mayor parte de los leones necesitan aprender a descansar, a tranquilizarse y a darse cuenta de que eso no es un crimen. Les resulta terriblemente difícil actuar con tranquilidad en la casa. Por lo general buscan un pasatiempo que les demande mucho o un proyecto desafiante en el cual ocuparse. Y si no encuentran algo a mano, entonces se ponen a tratar de cambiar o «motivar» a sus hijos o a su cónyuge, usándolos a ellos de «proyectos».

Una mujer joven le dijo a su padre: «Papá, cada vez que me diriges la palabra siento que estás tratando de cambiarme o buscando la manera de lograr que sea algo que no soy. ¿Cuándo vas a comenzar a hablar conmigo sin darme siempre instrucciones?»

Para la mayoría de los leones, hasta las vacaciones se convierten en algo digno de atacar con energía. Si van a una zona montañosa, en lugar de conocer uno o dos lugares, se lanzan a escalar todo lo que encuentran. Si van a la playa harán de todo menos tirarse en la arena. *¿Por qué?* Porque tirarse a tomar sol en la arena no representa ninguna *realización*.

Este empuje interior por alcanzar metas suele ayudar a los leones a lograr grandes éxitos. Pero llevada a extremos, esta cualidad puede hacer que pongan los *proyectos* por encima de las *personas*, y constituye la base futura de un duro activista o adicto al trabajo.

3. El momento de actuar para un león es ¡ahora mismo!

Para la generalidad de los leones, no basta con tomar la iniciativa al llevar a cabo proyectos o resolver problemas. Es necesario realizarlos *ahora mismo*.

Si trabaja para una jefa, del tipo león, es probable que ella se acerque a su escritorio y le diga: «Quiero que haga esto ahora mismo».

Y si le dice: «¡Pero es que me acaba de dar este otro trabajo urgente!».

Es muy probable que ella le conteste: «Es cierto, pero

eso era hace media hora. ¡*Ahora* quiero que se ocupe de esto!»

Si observa esta característica en el ambiente del hogar, verá que esa persona quiere comer *ahora mismo*, o que le cambien los pañales al niño *ahora mismo*, o que busquen otro canal de televisión *ahora mismo*.

¿Qué es lo que reflejan como personas estos leones cuya orientación natural es hacia el *ahora mismo*? A menudo reflejan una intensidad severa. Es fácil que se tornen tan intensos cuando trabajan en un proyecto (o simplemente piensen en el siguiente), que los demás creen que están enojados, aunque no lo estén.

El león por lo general irradia tanta intensidad que, como lo verá más adelante, los perros perdigueros y los castores aprenden a salirse de su paso y evitar hacerles preguntas. A veces les desalienta iniciar una conversación importante con ellos porque las señales no verbales que emite un león pueden resultarles demasiado duras.

A veces los leones utilizan ese nivel de intensidad, no expresada verbalmente, para escudarse y que no puedan hacerles preguntas «estúpidas», preguntas que los interrumpan. Sin embargo, si no son cuidadosos y usan esa intensidad natural para obtener «alivio emocional», pronto quedarán aislados de los demás o lo que es peor, provocarán resentimientos.

Ya que hablamos de resentimientos, conocemos un león que pertenecía a una junta directiva de una iglesia, que tomó una decisión del tipo «*ahora mismo*» y que afectó la vida de muchas personas por largo tiempo. Todo comenzó aparentemente bien para ellos, y nunca se habían sentido tan animados, pero finalmente las cosas resultaron *desastrosas*, por decirlo caritativamente.

Por primera vez el pastor y sus cinco asociados acompañados de sus esposas habían decidido pasar un fin de semana juntos en una ciudad cercana. Prepararon el proyecto de viaje con meses de anticipación, de modo que cada una de las tareas y responsabilidades fue delegada a personas que podían hacerse cargo de ellas. Por fin, después de tanto tiempo parecía posible lograr este encuentro que los haría conocerse mejor y compartir su visión de la obra. ¡Hasta habían encontrado el fin de semana en el que todos podían ausentarse!

Incluso el viaje hizo que estas personas superaran el aislamiento que habían sentido por años, trabajando como en «islas» independientes. Tener que cambiar una llanta desinflada hizo que todos arrimaran el hombro para solucionar el problema. Otro motivo de solidaridad fue tener que parar nueve veces para complacer a una de las damas que no podía pasar por una casa de antigüedades sin entrar en ella. Cuando finalmente llegaron a su destino, los esperaba una cena estupenda y una hermosa reunión de adoración. A la mañana siguiente las cosas pasaron de bien a mejor. Después del desayuno se reunieron con el fin de expresarse con sinceridad. Fue una oportunidad en que cada uno pudo confesar sus frustraciones y sentimientos. Se pidieron disculpas, abrazos y reencuentros. Un genuino espíritu de amor y de restauración barrió las telarañas de la incomprensión, haciendo que todos se sintieran más que nunca parte de un equipo. Cuando finalmente regresaron a sus hogares, cada pareja se sentía emocionada y llena de entusiasmo por los diversos ministerios que representaba. Pero muy pronto las cosas cambiaron.

Ninguno sabía que mientras ellos estaban ausentes un león de pura raza que andaba suelto, había estado haciendo de las suyas. En efecto, el presidente de la junta de la iglesia hubiera servido de ejemplo para redefinir a la especie leonina.

Este hombre había asistido a un seminario sobre administración empresarial, el mismo viernes en que los pastores habían partido a su retiro. Impresionado con lo que había escuchado, tuvo la visión de que todo aquello tenía aplicación tanto en su trabajo como en la iglesia. Y por esa razón, sin titubear ni consultar a nadie adoptó la decisión de lo que debía hacerse.

Mientras los pastores estaban fuera llamó a las personas encargadas del mantenimiento y también a varios estudiantes para que lo ayudaran. Entonces se propuso hacer ciertos cambios para que la iglesia fuera más eficiente. Comenzó por introducir nuevos diseños en la oficina.

En términos prácticos, el resultado fue que cuando los seis pastores entraron en el edificio el lunes siguiente se encontraron con una sorpresa. Cuando entraron a sus respectivas oficinas fue como si lo hicieran a un lugar desconocido. Las llaves giraban, pero el interior de las habitaciones ya no era lo que ellos recordaban. Incrédulos, sacudieron la cabeza mientras observaban los cambios de muebles que habían ocurrido. No sólo habían cambiado los muebles, sino que habían reorganizado las tareas de modo que ciertas actividades, que a lo largo de los años habían realizado ciertas personas, ahora habían sido divididas y cambiadas. El presidente de la junta nunca pensó en la necesidad de consultar con otros los cambios que quería hacer. Simplemente procedió de esa manera porque creyó ver un problema, descubrió cuál era la solución en su seminario de trabajo y por la tarde se puso a trabajar.

Los leones deberían poner en primer lugar de su

orden del día el repasar periódicamente, la cantidad de participación que conceden a sus seres queridos en aquellas decisiones que los afectan. Ese es uno de los puntos más importantes en el lado tierno del amor. También les ayudaría a asegurarse de que su tendencia natural por hacer las cosas *ahora mismo* no sacrifique la estabilidad de sus relaciones futuras.

4. Los leones son decididos

Junto a su necesidad de tomar la iniciativa, controlar, obtener logros y hacer las cosas *ahora mismo*, los leones generalmente adoptan decisiones con rapidez, sepan o no los hechos, y a menudo sin consultar a nadie.

Suele ser muy bueno tener a alguien en la casa que no teme tomar decisiones, aun las más difíciles. Pero en algunos casos, esta inclinación natural a ser decididos puede llegar a desequilibrarse.

Supimos de una esposa que pasó por una experiencia aún peor de la que tuvo que enfrentar el equipo de pastores de la iglesia. Carola y su esposo Marcos habían logrado finalmente ahorrar el dinero del pago inicial para comprar su primera casa. Habían elegido una vivienda de tipo sencillo que les gustaba a ambos y llegó el día, cuando los dos debían encontrarse en la inmobiliaria para dejar el depósito y firmar los documentos.

Carola estaba muy entusiasmada ese día, mientras esperaba que pasaran las horas y llegara el momento de encontrarse con Marcos. Estaba recogiendo sus cosas y preparándose para salir cuando escuchó una bocina. Al asomarse por la puerta se vio frente a una camioneta desconocida, lustrosa y flamante en su propio garaje. Al mirar con más atención, descubrió a Marcos detrás del volante.

«¿De dónde sacaste eso?», le preguntó Carola con sorpresa mientras se acercaba a su sonriente marido.

«Carola», respondió él despreocupadamente. «Sé que íbamos a usar ese dinero para asegurar la compra de la casa, pero ni te imaginas el negocio que logré hacer con la compra de esta camioneta».

Esa mañana, el esposo león de Carola había ido al banco a sacar el dinero para llevarlo más tarde a la inmobiliaria. Pero se había detenido un momento en una compañía de venta de automóviles, simplemente «para ver» qué tenían. En pocos minutos (y con un poco de presión por parte de un vendedor «ansioso» por hacer una venta), tomó la decisión de comprar el vehículo en lugar de la casa. Y no hace falta aclararlo pues tomó la decisión sin molestarse en consultar a su esposa.

Cuando ella le rogó que devolviera la camioneta, él le dijo: «Mira querida, ya he tomado la decisión. Esto es así y basta. De todos modos no me gustaba mucho la casa y tú sabes que realmente necesito una camioneta nueva para el trabajo».

Marcos consiguió su nueva camioneta que lucía sin un solo raspón o abolladura. Pero no se dio cuenta al partir al día siguiente a su trabajo, de que acababa de destrozar el corazón de su esposa y que por poco fracasa su matrimonio para siempre, por no haber contado con ella antes de tomar una decisión de esa magnitud.

Cuando se está en una situación de tensión, se manifiestan entonces algunas de las cualidades duras de los leones, como la de actuar con rapidez y decisión. Nos hacen falta líderes así. Son demasiado escasos hoy en día los hombres y las mujeres de ese temple, tanto en nuestros hogares como en la iglesia. Hasta son necesarias esas personas que son capaces de dar un paso de fe aun sin contar con la seguridad de que saben todos los detalles. Pero el liderazgo es algo más que mostrar energía y fortaleza. No hace falta tener un diploma en «falta de sensibilidad» para que se considere a alguien como un buen líder.

Les recomendamos a los leones leer el capítulo final de este libro para ver cómo el León de Judá armonizaba su energía llena de decisión con una comprensión tierna y compasiva.

5. Los leones quieren una *información sintetizada*

Quizá sea su actitud decidida lo que hace que a los leones les resulte insoportable tener que aguantar conversaciones triviales. Una mujer que tenía mucho de león nos contaba lo molesto que le resultaba escuchar hablar a su esposo «perdiguero».

«Cuando le pregunto qué tal pasó el día, todo lo que me hace falta es un informe de una página. Pero él termina entregándome el texto completo de una novela».

La misma molestia sienten muchos hombres con espíritu de león. A menudo la esposa trata de conversar con ellos acerca de cosas de «menor» importancia que el desarme nuclear o la forma en que se piensa resolver el déficit fiscal y sólo logran llegar a la mitad de la frase.

Es posible que se encuentre con deseos de contarle algo acerca del comportamiento de los hijos o alguna cosa que le sucedió a ella y lo que escucha tan pronto como comienza a hablar es: «Querida, ¿qué estamos tratando de *resolver*?» O bien, si su esposo es realmente insensible al impacto de sus palabras, hasta es posible que le escuche decir: «Querida, me gusta conversar contigo, pero la próxima vez hablemos de algo importante».

Para los leones, una comunicación de valor es el equivalente de una serie de frases cortas, que van al grano y que logran algo que va más allá de las palabras. Es decir, sirven para tomar decisiones y empezar a «hacer» cosas, más bien que detenerse a analizarlas. Su deseo natural de lograr conversaciones eficientes debe buscar un equilibrio con el tiempo que requiere una comunicación mutua. Eso significa escuchar con atención y espíritu receptivo, en lugar de saltar con observaciones rígidas o soluciones rápidas.

6. Las preguntas resultan un desafío a los leones

Hace varios años, un hombre y su esposa fueron a una subasta con algunos amigos. Varios centenares de personas esperaban afuera, listas para llenar el salón donde habría de efectuarse la venta. La mujer tenía necesidad de una mesa de cocina y algunas sillas y tenía la esperanza de lograr un buen negocio con una mesa de roble o de pino.

Finalmente, cuando se abrieron las puertas y la gente comenzó a llenar el lugar, ella y sus amigos se vieron empujados en otra dirección a la del esposo. Después de intentar vanamente de encontrarlo, optaron por sentarse y mirar cómo hacían ofertas los demás.

Pronto comenzó la subasta de muebles y uno de los primeros artículos fue una maltrecha mesa de cocina de color verde, con su juego de sillas. La cubierta de vinilo y las patas de hierro oxidadas mostraban a las claras que tenían años de uso y desgaste. Pero curiosamente, el precio seguía subiendo y subiendo, mientras dos hombres, que la mujer no alcanzaba a ver continuaban haciendo ofertas por ese juego de comedor casi inútil.

Cuando por fin se hizo la última oferta y el subastador bajó el martillo, la mujer se volvió a sus amigos y les dijo: «¡No puedo creer que alguien haya pagado tanto dinero por esa basura!»

Fue entonces que el hombre que acababa de comprar esa monstruosidad verde se puso de pie y... como ya habrán adivinado, descubrió que era su esposo.

«Enrique», le dijo cuando finalmente lograron reunirse con él. «Esa es la mesa y las sillas más horribles que he visto en mi vida. ¿Por qué se te ocurrió comprarlas sin preguntarme? Yo quería una mesa de *madera*, no una de vinilo».

El esposo, de inmediato, se puso a la defensiva. «Necesitabas una mesa y sillas de cocina. Las compré y ya está», fue toda la respuesta que obtuvo.

Hacerles preguntas a los leones que operan sin armonía es el equivalente a menudo de un desafío personal y no un simple pedido de información. Lamentablemente, muchos leones se casan con personas que tienen la inclinación de hacer preguntas, como nuestros amigos los perros perdigueros o los castores.

Negarles a esas personas el deseo de hacer preguntas es obligarlas a volverse duras, a cerrar su espíritu y dar un portazo a cualquier relación significativa.[2] Los leones necesitan frenarse lo suficiente, como para ver una cuestión desde varios ángulos. También necesitan darse cuenta de que para crear una atmósfera hogareña de cariño no basta con exigir lealtad a todo el mundo. Finalmente, deben comprender que si un perro perdiguero o un castor hace preguntas es porque las necesita hacer. Eso no significa que esté poniendo en tela de juicio su autoridad.

7. Los leones no le temen a la presión ni a los enfrentamientos

Tal como lo habrá advertido a estas alturas, en la búsqueda de desafíos y de realizaciones, de las rápidas decisiones y las comunicaciones al instante, los leones pueden acumular bastante presión sobre sí mismos y sobre los demás. Y mientras otras personas (como los castores y los perros perdigueros) se sienten muy incómodos cuando se les somete a presión, los leones aman estar bajo tensión.

Un amigo león que es dueño de una compañía relativamente grande nos confesó: «Me aburre cuando las cosas andan demasiado sobre rieles en la oficina. En efecto, la gente que trabaja conmigo me acusa de que descompongo las cosas sólo para tener algo que arreglar».

Ponga esta tendencia, de ejercer presión sobre la gente, junto con su natural falta de temor a los enfrentamientos. *A menos que tengan cuidado, los leones fácilmente antagonizan con los demás hiriendo los sentimientos de las personas, sin siquiera darse cuenta.*

En cierta ocasión tuvimos que aconsejar a una pareja en la que el esposo, decididamente un león, estaba acostumbrado a rugir a los que trabajaban a su alrededor y también salirse siempre con la suya en la casa. Era extremadamente rico y dueño de su propia compañía, de modo que sus empleados no se animaban a poner en tela de juicio sus métodos de trabajo bajo presión. Con tres perdigueros en la casa (su esposa y dos hijos pequeños), no había nadie que se animara a enfrentarlo.

En nuestra primera sesión conjunta, nos dimos cuenta de inmediato por la forma en que trataba a su esposa, de que era uno de esos leones en quien las dos caras del amor no estaban en armonía. Hacía mucho dinero con su empresa, pero le daba a su esposa una mensualidad que difícilmente le alcanzaba para cubrir otra cosa que las compras del supermercado. En lugar de ser un aliento para su esposa e hijos, los tenía prácticamente aterrorizados con su lenguaje y sus actitudes bruscas.

En el fondo era indudable que este hombre amaba a su familia, pero no sabía demostrarlo. Y no era de extrañar. El mismo procedía de un hogar en el que el padre había usado el miedo y la intimidación todos los días, de modo que simplemente transfería a su familia el dolor que había experimentado de niño.

Después de haber escuchado por cerca de una hora la historia de su pasado y las preocupaciones de su esposa, hice (John), el comentario de que su forma básica de comunicación era atemorizando a las personas.

De inmediato se puso de pie, se aferró al borde de la mesa y se inclinó hacia mí. «¡Mi meta no es intimidar a nadie!», gritó mientras me dirigía una mirada que echaba chispas. «Después de todo, ¿qué es lo que usted puede saber? ¡Si es apenas un *jovencito*!»

Es verdad que parezco más joven de lo que soy y no era la primera vez que escuchaba ese comentario. Como tengo adiestramiento de consejero sé la importancia de mantener la calma, frente a ese tipo de comentarios.

Pero pasó algo en esa oficina de asesoramiento que nunca antes había ocurrido.

En los meses que sucedieron a ese incidente he indagado dentro de mí para descubrir en qué pude equivocarme. Pero en este caso todavía creo que fue el Señor mismo, quien me brindó la fuerza de un león para manejar lo que estaba sucediendo frente a mí.

Sin pensarlo, me puse en pie, tomé el otro borde de la mesa y me incliné hacia *él*. «Puedo asegurarle que su meta *sí es* atemorizar a las personas», le dije con firmeza. «Y el problema es que le ha salido siempre bien. Ha logrado que todo el mundo le tenga tanto miedo que nadie se anima a discutirle ni decirle que está equivocado».

«¿Así que es eso lo que usted cree?», contestó destilando sarcasmo en la voz.

«Así es», le dije con más firmeza aún, mientras lo miraba de frente. «Y ahora, sépalo de una vez, usted está destruyendo a su familia con sus palabras y con su enojo. Su método de atemorizar puede haberle servido por mucho tiempo y ha logrado que nadie lo enfrente, pero aquí en este consultorio, no le va a servir».

«¿Usted cree que me puede hablar de esa forma?», rugió mientras apretaba los puños y se preparaba como para lanzar un puñetazo.

Antes de haberme convertido al cristianismo me había metido en bastantes peleas y me di cuenta que su actitud era decididamente la de atacarme. No estaba simplemente enojado, sino que estaba furioso conmigo. Saqué las manos de la mesa y me preparé para lo que se avecinaba. En ese momento pensé que estábamos por armar una pelea a puñetazo limpio, allí mismo en medio del consultorio, y estaba decidido a enfrentarla. Los ojos de Gary se agrandaron y dejó caer la mandíbula mientras nos miraba incrédulo.

Se hizo un tiempo de silencio absoluto que me pareció larguísimo, pero que sólo fue de unos pocos segundos. Nos seguimos mirando, sin pestañear, sabiendo lo que significaría un solo movimiento de uno de nosotros. La tensión en la oficina era tan fuerte que se podía palpar y tanto Gary como la esposa de ese señor nos miraban sin saber si empezarían los puñetazos en cualquier momento.

Finalmente el hombre se rió y dejando caer los brazos volvió a su asiento.

«John», dijo con voz calmada y una sonrisa, «nadie me ha hablado así en muchos años. Tiene razón, ¿sabe? Toda la vida he sido un busca pleitos. Probablemente no sé relacionarme con las personas si no es enojándome con ellas».

La tensión comenzó a aliviarse y Gary y la esposa del hombre volvieron a respirar. De pronto, el hombre se volvió a ella y señalándola con el dedo índice y con voz amenazadora, le dijo: «¿Por qué no aprendes a enfrentarte conmigo de esa manera? No estaríamos en esta situación si actuaras así».

Pero no todo estaba perdido con esa pareja. Esa mañana hicieron un descubrimiento importante en su intento de relacionarse. Ese hombre se sentía muy cómodo bajo presión y hasta buscaba los enfrentamientos fuertes. Finalmente se dio cuenta de que su inclinación natural de tomar las cosas de manera decidida y «severa» traspasaba fácilmente los límites y se volvía una práctica atemorizadora, aunque no fuera esa su intención.

En casos como éste, los leones pueden ser tan fuertes que ganan todas las batallas verbales, pero terminan perdiendo la guerra, es decir, el premio de ganar el corazón de los miembros de su familia.

Para repasar veamos las siete características que comúnmente se manifiestan en la vida de este tipo de personas:

1. Los leones son líderes naturales.
2. Los leones buscan resultados inmediatos.
3. La ocasión para los leones es «¡ahora mismo!»
4. Los leones son decididos.
5. Los leones quieren información sintetizada.
6. Los leones interpretan las preguntas como amenazas.
7. Los leones no temen las tensiones ni los enfrentamientos.

El desafío número uno en la relación de los leones

El otro día nosotros (John y Cindy) llevamos a nuestra hijita Kari al zoológico local. Para tener una idea general de cuáles eran los animales tomamos el trencito que pasa frente a las exhibiciones. No era de extrañar que la mayor cantidad de gente estuviera agrupada frente a la jaula de los leones.

A las personas les fascinan los leones, tanto entre los animales como en los del tipo «humano». El problema es que una vez que el león ruge, los demás se atemorizan. Por esa razón se pone distancia frente a ellos, porque dan la impresión de ser fríos, irritables o inaccesibles o bien todas esas cosas a la vez.

En medio de la guerra necesitamos a los generales de

divisiones para inspirar y guiar a los soldados. Con la vida y la muerte colgando de un hilo, una acción decisiva y el logro de resultados (aunque sea a veces a fuerza de empujones y gritos), puede resultar mucho más importante que mostrar sensibilidad en las relaciones con los demás.

Lamentablemente, algunos leones en quienes no reina la armonía entre las dos caras del amor, se olvidan que normalmente sus hogares deberían ser remansos de paz y en cambio algunos de ellos parecieran declarar la guerra a sus familias. Demandan una lealtad indiscutible y esperan que otros sigan sus órdenes sin poner nada en tela de juicio. Lo que es más, creen que si alguien les discute, les está mostrando deslealtad y en algunos casos, evidencias de querer separarse de su lado. Quieren comunicaciones básicas sin darse cuenta de que lo verdaderamente básico en el hogar consiste en si la otra persona se siente amada y comprendida.

Nosotros queremos decirle que es posible volverse un león sensible a los demás, sin tener que sacrificar las cualidades naturales que Dios ha puesto en las personas. En efecto, hemos visto ejemplos de primera mano, una vez tras otra. Y hemos advertido que aunque las personas pueden seguir a un líder, hasta cierto punto, son más capaces de morir por un líder fuerte que los ame y los comprenda.

Todo hogar, oficina o iglesia necesita tener personas con las cualidades severas del león. Pero el León de Judá guiaba a los hombres de tal modo, que sus cualidades severas nunca sacrificaron la posibilidad que consistía en brindar aceptación y amor incondicional a los demás.

El desafío a los leones es decirles que no saquen las garras. En lugar de eso, deben aprender a equilibrar la fuerza del león con el amor del Cordero de Dios. Entonces verán cómo ocurren grandes cosas en su relación con los demás.

Hemos estudiado la primera de las inclinaciones de la personalidad que se presta a convertirse en severidad. La segunda de ellas es la de los castores, a quienes les gusta vivir «según las reglas». Tienen muchos puntos fuertes a su favor, pero ellos lo mismo que los leones, necesitan aprender que es posible brindar las dos caras del amor.

Capítulo Cinco

Descubra las cualidades de los castores

AL detener nuestras bicicletas frente a nuestra casa, mi hermano gemelo y yo (John) levantamos la vista y vimos lo mismo: Un ojo despiadado enfoca directamente hacia nosotros. Sin intercambiar palabra, ambos supimos que nos encontrábamos nuevamente en aprietos.

Cuando niño odiaba vivir en una esquina. No es que nuestra casa fuera desagradable. Pero por vivir en la esquina, el poste de alumbrado estaba ubicado en nuestro terreno.

«¡Estén de regreso antes que se encienda la luz de la calle!», era la regla inviolable. No había excusa válida. Mi abuelo hubiera sacado la puntuación más alta en la escala de los castores severos; su vida entera se regía por las reglas. Todo lo que tenía que hacer era mirar por la ventana para ver si habíamos regresado a tiempo. Y una vez más, no lo habíamos hecho.

Sé que entre los padres de hoy el tema del castigo

corporal está sujeto a controversia, pero cuando yo era niño ni siquiera se discutía. Mi abuelo se había mudado a casa para ayudar a mi madre, que estaba sola, a criar tres muchachos activos; y él creía firmemente en el castigo corporal. En su libro de reglas llegar tarde a cenar era una falta que valía dos golpes con el cinto.

Mi abuelo tenía varias cosas en común con otros castores. Tienden a ser reservados en sus relaciones y controlan bien sus emociones. Son detallistas, precavidos y acostumbran considerar un asunto desde todas las perspectivas posibles.

A medida que fui creciendo empecé a considerar su adhesión a las reglas y su reserva emocional, como debilidades propias de un corazón severo y no como rasgos de fortaleza personal. A menudo interpretaba su tendencia a estar callado y pensativo como una actitud fría y distante. Pero al menos uno siempre sabía si estaba en buenas relaciones con él. Siempre era pronosticable en sus actos, emociones y actitudes.

Por eso, mientras arrastraba los pies por el pasillo hacia la habitación de mi abuelo, yo sabía exactamente lo que iba a ocurrir: dos golpes con el cinto en las posaderas. Poco me imaginaba que tendría por delante uno de los momentos de mayor bendición de mi vida.

1. Los castores mantienen dominio sobre sus emociones

Después del castigo, mi madre me dijo que volviera a la habitación a llamar a mi abuelo a cenar. Si bien no tenía mucho deseo de hablar con él en ese momento, tampoco quería arriesgarme a recibir otro castigo. De modo que fui a su habitación.

Muchos niños crecen llamando a sus abuelos por

algún apodo afectuoso. No fue así en nuestro caso. Debíamos observar reglas de respeto y en cualquier ocasión que nos dirigiéramos a él debíamos llamarlo «abuelo» o «señor».

Lo que es más, merecía dos golpes con el cinto entrar a su habitación sin antes golpear discretamente a la puerta y esperar afuera hasta que nos autorizara a entrar.

Yo estaba a punto de llamar cuando noté que la puerta ya estaba levemente entreabierta. Por eso rompí la regla cardinal y suavemente la empujé y me asomé.

Lo que vi me asombró. Mi abuelo, un hombre que rara vez demostraba sus emociones, estaba sentado al borde de su cama llorando. Me quedé en la puerta confundido, sin saber qué decir. De pronto, levantó la vista y me vio y yo quedé paralizado. No tenía la menor idea de lo que vendría a continuación.

«Ven aquí, John», dijo con la voz cargada de emoción. Entré esperando ser castigado por no haber llamado a la puerta. Pero en vez de pegarme, me tomó entre sus brazos.

Mi abuelo me abrazó estrechamente y con lágrimas me dijo cuánto nos amaba a cada uno de nosotros y cuánto le dolía tener que castigarnos. Yo no tenía idea de por qué siempre se quedaba en su habitación después de disciplinarnos. Ahora lo sabía. Pasaba ese tiempo solo, a veces llorando y siempre orando para que llegáramos a ser los hombres que Dios quería que fuésemos.

«John», me dijo, sentándome en la cama a su lado y rodeándome con sus enormes brazos, «lo que más deseo en la vida para cada uno de ustedes es que lleguen a ser hombres buenos. He hecho todo lo que he podido para ayudarles a saber qué es lo correcto y para estimularlos a vivir según las leyes de Dios. No siempre estaré aquí para ayudarles a recordar. Además, ya son grandes. Espero que sepan cuánto los amo, cuán orgulloso estoy de ustedes y cuánto oro por cada uno de ustedes. John, sé que siempre serás la persona que Dios quiere que seas a lo largo de tu vida».

No lo puedo explicar, pero cuando salí de su habitación esa noche yo era una persona diferente. Mirando hacia atrás, creo que ese momento constituyó una significativa señal de transición de la niñez al comienzo de la edad adulta. Por años el recuerdo de esa nítida imagen del amor de mi abuelo me ayudó a modelar mis actitudes y acciones.

Pocos meses más tarde en esa misma habitación mi abuelo murió de manera instantánea e inesperada. Agradezco a Dios el haber llegado tarde aquella noche a cenar. Ahora sé que el Señor permitió que experimentara un tiempo de bendición con el hombre más importante de mis primeros años de vida.

Como otros que tienen alta puntuación en la escala del castor, mi abuelo era reservado, precavido y controlado cuando se trataba de expresar emociones y afectos. Tampoco era profuso en las alabanzas. Pero esa noche sentí como si el velo se hubiera levantado. Llegué a ver el lado tierno de su corazón de una manera que nunca había visto. Dejó a un lado sus reacciones controladas y sus sentimientos reprimidos, en un acto de emoción espontánea, que produjo un impacto enorme en mi vida.

No es que a los castores les resulte difícil amar a los demás. Su compromiso hacia aquellos que aman puede ser tan fuerte como el de nuestros leales amigos los perros perdigueros. Sin embargo, a los castores les es difícil comunicar esa ternura.

Si usted es de este tipo y siente que se reprime en sus relaciones, le vendrá bien leer los capítulos diez y once de este libro, respecto a cómo desarrollar una saludable ternura. Pero por el momento, consideremos varias características más de este importante miembro de la familia zoológica.

2. Los castores leen los manuales de instrucciones

Además de dominar cuidadosamente sus emociones, las personas que tienen alta puntuación en la escala del castor tienden a tener otro rasgo en común. Son del tipo que lee cuidadosamente los manuales de instrucciones en lugar de tirarlos. No todos los animales de la familia zoológica tienen esta misma fuerte inclinación a hacer las cosas «como dicen los libros», en particular las nutrias.

Cindy y yo (John) habíamos estado hablando respecto a la instalación de una hamaca en el jardín para nuestra hija. Era un sábado por la mañana y cuando Kari entró en la cocina para buscar sus panqueques yo hice un anuncio excesivamente optimista, típico de una persona tipo nutria.

«¡Querida, mamá y yo vamos a comprarte un columpio esta mañana apenas abran las tiendas y estarás columpiándote antes del mediodía!»

En efecto era la hora de almuerzo cuando finalmente logré unir los tres millones de pernos, tornillos, tuercas, arandelas y tensores que venían en la caja. ¡Pero, lamentablemente era la hora del almuerzo, de un día, tres semanas más tarde! Y cuando finalmente el columpio estuvo instalado daba la impresión de que hubiera soportado un tremendo terremoto y que podría desarmarse en cualquier momento.

Al mejor estilo de persona tipo nutria, lo primero que hice al abrir la caja fue descartar las instrucciones. Después de todo, pensé, leer instrucciones no es entretenido. Yo sabía que sería fácil armar el columpio. Pero lo que casi se desarmó fue mi salud mental mientras «creativamente» perforaba nuevos agujeros para unir las partes que sin duda habían sido mal modeladas y diseñadas en la fábrica.

Una última cosa me quedó por hacer antes que Cindy confiara la vida de nuestra hija al extravagante columpio que había creado y era anclarlo en la tierra para que no se cayera cuando varios niños se subieran a la vez a columpiarse.

Sin embargo una vez más, en vez de hacer las cosas según las instrucciones y anclarlo con cemento (como hubiese hecho un buen castor), opté por un método más rápido y sencillo. Esto es, compré cuatro estacas de metal para sujetar cada una de las patas del columpio.

Con un esfuerzo propio de Hércules enrosqué cada una de las cuatro estacas en la tierra y después las uní al columpio. Al fin estuvo terminado y Cindy le dio a Kari luz verde para usarlo. Kari estaba columpiándose alegremente ¡y mi creación realmente lucía como si pudiera funcionar! Pero fue entonces que decidí hacer algo divertido mientras ella estaba columpiándose en el aire.

En Arizona, si uno no tiene en la casa algún sistema de riego, no tiene césped. Pensando en lo gracioso que sería, caminé hacia el grifo que estaba cerca para abrirlo por un momento.

Hice girar la llave y comenzó a salir el agua, pero no precisamente de las regaderas. ¡Brotaba de la tierra, exactamente donde yo había anclado el columpio!

¿Piensan que acaso me había detenido para verificar dónde estaban enterrados los conductos de agua, antes de anclar el columpio? ¡En absoluto! ¿Piensan que un *castor* sí hubiera verificado por dónde iban los conductos plásticos antes de enterrar cuatro largas estacas de metal? ¡Por supuesto!

Kari logró escapar con vida de los *géiseres* que yo había creado, pero no así el columpio. Estaba en tan mal estado, que finalmente me tuve que rendir y llamar a un castor. Mi buen amigo Jim McGuire vino al día siguiente y me ayudó a volver a armar el columpio y a reparar el sistema de riego de la manera correcta.

¿Qué fue lo primero que me pidió? ¡Acertó! ¡Las instrucciones! Y esta vez, como por arte de magia, Kari sí pudo columpiarse antes del mediodía, seca y sin ningún peligro.

Los castores viven con menos tensión, tanto en el hogar como en el trabajo, si tienen un manual para seguir. Desafortunadamente, la vida es a menudo imposible de predecir, especialmente en lo que se refiere al matrimonio y a la crianza de los hijos. Mucho de lo que ocurre en las relaciones personales escapa a las reglas que los castores han aprendido de memoria. Por ejemplo, una mamá castor quizá formule los planes para el fin de semana de la familia hasta el último detalle. Pero si vive con leones y nutrias, todo puede cambiar en *un minuto*, causándole mucha molestia.

Hemos observado a castores que son tan firmes como los leones, pero por otras razones. No es que estén tratando de triunfar por el hecho de disfrutar de la victoria. En cambio, se encierran respecto a un tema, y a veces son severos con las personas, porque se comprometen a fondo con lo que piensan que es correcto.

El énfasis natural de los castores respecto a lo correcto, los hace a veces cumplir el papel de control de la calidad en representación de Dios dentro del hogar. Si guardan el equilibrio entre las dos caras del amor pueden ser un elemento muy valioso, dentro de la familia.

3. Los castores tienen mucho cuidado al tomar una decisión

Fue en una tarde de Navidad y yo (Gary) estaba conduciendo de regreso a casa, cuando observé las banderas y los carteles recién pintados que indicaban casas en venta. Las palabras «PRECIOS REBAJADOS» y «DESCUENTOS» cautivaron mis ojos de nutria y me hicieron salir de inmediato de la ruta y tomar rumbo hacia el lugar de la venta.

Después de todo, ya hacía nueve años que vivíamos en la misma casa. Cuando niño, me había mudado todos los años. Ahora que los hijos eran más grandes, ya no necesitábamos todo el espacio que teníamos. Estábamos listos para un cambio de casa y quizá una casa así era justo lo que necesitábamos.

Y por cierto que la vendedora pensaba exactamente así. Procedió a hacerme una oferta que yo estaba seguro de que Norma no podía rechazar, es decir, seguro hasta que le hablé del asunto.

«Gary», dijo con su voz paciente y dulce, «hemos estado hablando de mudarnos, pero no a ese tipo de casa. ¿Qué va a ocurrir si Kari decide vivir en casa en lugar de la Universidad? ¿Y si Greg decide volver a casa a terminar sus estudios en lugar de quedarse en Oklahoma?»

«¡Eso jamás va a ocurrir!», exclamé. «Los muchachos están muy contentos donde están y yo también lo estaría si nos mudáramos a esa casa».

Norma es una verdadera mezcla de personalidades. Tiene mucho de un tipo del que hablaremos más adelante, el perro perdiguero. Pero también tiene muchos rasgos de castor. Pienso que eso la hace un castor-perdiguero.

Los instintos de castor le aseguraban a Norma que no era el sitio ni el momento de mudarnos. Había demasiada inseguridad respecto al lugar donde estarían viviendo nuestros hijos como para mudarnos de una casa de cuatro dormitorios, a una pequeña con menos dormitorios.

Los castores se distinguen por pensar en un tema desde todos los puntos de vista. Habitualmente los instintos los orientan a la perfección cuando se trata de tomar decisiones, y no temen decir que no. Pero tienen la debilidad de que el entusiasmo de otros puede hacerlos retroceder de sus bien pensadas decisiones.

En el curso de las siguientes semanas, llevé a mis hijos a ver la propiedad que tanto «necesitábamos». Estaba reluciente y recién pintada y pronto mi entusiasmo y el de ellos comenzó a debilitar la resistencia de Norma.

Finalmente, en su deseo de complacer a todos, Norma renunció a sus argumentos y todos estuvimos de acuerdo en mudarnos a la nueva casa. De todos modos, mi esposa afirmó: «Gary, creo que nos vamos a arrepentir. Esta casa es muy chica y lo vamos a lamentar».

Como era de esperar, todo resultó como Norma había

anticipado. Durante las primeras semanas, con la nueva casa nos iba a Norma, a Michael y a mí, como un guante. Pero tres meses más tarde, necesitábamos dos dedos más en el guante. Inesperadamente, volvieron los dos mayores y contábamos con la mitad del espacio que teníamos en nuestra casa anterior.

¿Quién hubiera imaginado que precisamente antes de graduarse Kari iba a querer vivir nuevamente con nosotros? ¿Y quién podría haber previsto que Greg iba a decidir dejar la Universidad en Oklahoma y volver a casa a terminar sus estudios? Mi esposa, como buen castor, lo había previsto.

Yo había usado todos mis recursos típicos de nutria para convencerla (hablaré más al respecto en el capítulo seis) a que adoptara una decisión que iba en contra de sus tendencias naturales. Una vez más, tuve que reconocer que me había equivocado.

A los leones inclinados a arremeter y a las nutrias de ritmo rápido, los castores les pueden parecer lentos y demasiado cautelosos. Sin embargo, uno de los grandes beneficios que aportan al hogar es evitar los problemas, diciendo «no» a las decisiones incorrectas como la que yo había tomado.

Finalmente escuché las palabras de advertencia de Norma. Desafortunadamente, lo hice después que habíamos comprado la casa. Y después de dos años de aguantar la falta de espacio, finalmente nos mudamos a una casa del mismo tamaño que la que teníamos antes, sólo que tuvimos que pagar más por ella.

Hay ocasiones en que los castores son tan cautelosos que pasan por alto una oportunidad. Un esposo castor que conocemos podría haber comprado un automóvil en buenas condiciones, que su socio le ofrecía a muy buen precio; sin embargo, el automóvil finalmente se remató a diez veces ese precio. Pero en el 99% de las veces, la capacidad del castor de adoptar decisiones cuidadosas, razonadas y acertadas es un punto muy fuerte.

4. Los castores disfrutan utilizando sus habilidades especiales para resolver problemas

Esa habilidad metódica de considerar los problemas desde todos los ángulos puede ser de enorme valor para resolver dichos problemas. Mi tía (de John) Dovie hizo uso de esa virtud de manera dramática durante la Segunda Guerra Mundial.

Mientras la guerra arreciaba, en Europa y el Pacífico, aumentaban los héroes en el frente. Pero también hubo muchos héroes anónimos que nunca cruzaron el océano ni ganaron una medalla. Se trataba de hombres y mujeres que trabajaron con ahínco en las fábricas que surgieron por todo el país, para respaldar el esfuerzo de la guerra.

La tía Dovie era una de esas mujeres. En sus mejores tiempos no medía más de un metro cincuenta y no pesaba más de 45 kg. Sin embargo, su capacidad de castor para analizar algo meticulosamente fue lo que le permitió seguir el rastro de un «saboteador nazi», en la planta de defensa en la que trabajaba.

En la División Allison de la General Motors en Indianápolis fabricaban motores para los aeroplanos de caza P-51, uno de los aviones más poderosos que Estados Unidos entregó a sus pilotos en tiempos de guerra. Los pistones de esos motores estaban recubiertos de plata, que era un metal muy valorado y sujeto a racionamiento en 1944. Mi tía era supervisora de la sección de empaque.

A medida que los pistones salían de la línea de producción, pasaban a empaque, donde se sumergían en aceite y luego se metían en paquetes de plástico sellados al calor. Por último, se agrupaban en cajas de cartón prenumeradas y se embarcaban rumbo a las zonas de combate. Como supervisora de esta área, tía Dovie era la última que manejaba los pistones antes del embarque. Por eso mismo fue una de las primeras personas a la que se le comunicó un grave problema.

¡Cuando las cajas de pistones llegaban al otro lado del océano y las abrían, la cubierta de plata estaba como perforada con una aguja!

El Departamento de Guerra no perdió mucho tiempo en advertencias, y la agitación pronto comenzó a extenderse en toda la planta de Allison. Los rumores pasaban de un operario a otro. Capataces y supervisores empezaron a agruparse y a mantener sombrías discusiones. «Están apareciendo perforaciones en la plata de los pistones. Los ingenieros han pedido la ayuda de los jefes de Detroit. Se han incrementado los controles de calidad en el departamento de platería, ¡pero las perforaciones siguen apareciendo! Tiene que haber alguien, un saboteador, que interfiere en algún punto el proceso de los pistones».

¿Estaría alguien salpicándoles ácido en algún punto de la línea de producción? Peor aún, ¿los sabotearían en el sector de empaque final? ¿Sería suficiente dejar filtrar la información en la planta como para hacer confesar al culpable o al menos como para que el saboteador se atemorizara y no continuara su sabotaje?

Entonces entró a funcionar la mentalidad de castor de tía Dovie. Enviaron a la fábrica agentes del F.B.I.

¡Pero nunca hay que subestimar las posibilidades de un castor cuando empieza a analizar un problema!

Como mi tía era supervisora, además de ser castor, conocía muy bien los pasos de cada tarea que implicaba la inspección final y el empaque de los pistones. Y en su determinación por encontrar al espía pasó horas revisando cada sitio de la línea donde podría aplicarse el ácido. Con sus esforzados métodos, finalmente capturó al traidor o al menos lo descubrió.

Fue un día a la hora de almuerzo, cuando la sala de descanso de la fábrica estaba llena de gente. Tía Dovie estaba en la cola frente a la máquina de bocadillos, la única que había. De pronto, todas sus cuidadosas observaciones de cada una de las personas de su departamento dieron fruto. Pudo ver al saboteador. Delante de ella estaba un criminal del que nunca hubiera sospechado. *¡Tiene que ser!*, pensó. *¡Es obvio!* Se sorprendió de no haberlo advertido antes.

Después del descanso, observó cuidadosamente mientras cada uno de los que habían estado en la cola con ella volvían al trabajo. Y entonces pudo confirmar sus sospechas. No cabía duda, había descubierto al traidor.

¡El «espía nazi» que había estado perforando la plata no estaba usando ácido sino sal! ¡El criminal no era otro que «la máquina de maní caliente»!

Los obreros se servían un puñado de maní y luego volvían directamente a trabajar, sin lavarse las manos. La sal que quedaba era lo que deterioraba la tenue capa de plata de los pistones, mientras cruzaban el océano. Sólo un castor puede descubrir que algo tan pequeño y aparentemente insignificante como el maní salado puede ser «la causa» de un problema grave.

A los castores les encanta entrar en detalles. Disfrutan leyendo mapas y dibujando diagramas. El único problema consiste en que además de ser muy buenos en desarmar las cosas, también son eficientes para desarmar o desunir a *aquellos* con quienes están molestos.

Si un castor lo aprecia y respeta puede ser tan leal como un perro perdiguero. En cambio, si está disconforme con usted, puede usar su tendencia perfeccionista para transformarse en crítico punzante y rígido.

Como los leones, los castores pueden comunicar una fortaleza interior. Lo que es más, tienden a guardar una prudente distancia emocional, levantando una barrera invisible que los demás pueden percibir de todos modos. Si bien, aunque no son tan expresivos como los leones pueden ser tan inflexibles como ellos, cuando creen que algo es correcto.

¿De dónde les viene ese impulso a hacer todo de esa manera tan ordenada, tan al estilo de los libros? Viene de su profunda aversión a estar equivocados y a un fuerte deseo de hacer las cosas correctamente.

5. Los castores viven de acuerdo con el lema: «¡Hagamos esto de la manera correcta!»

«Si vale la pena hacerlo, es mejor hacerlo bien». ¿Conoce este proverbio popular? ¿Tiene usted las medias correctamente agrupadas y enrolladas, o simplemente están sueltas en el cajón? ¿Está su lado del ropero suficientemente ordenado como para que pudiera encontrar todo lo que necesita para vestirse en la oscuridad?

Si es así, probablemente ha sacado puntuaciones altas en la escala del castor. Hacer las cosas correctamente, con precisión y acierto son cosas muy importantes para un castor.

Hemos aplicado nuestra prueba de personalidad a varios miles de personas en todo el país. En cada grupo que lo hacemos hay ciertos profesionales en particular, que siempre sacan la puntuación más alta en la escala del castor. ¿Quiénes? Los cirujanos. Y tiene sentido que sea así. Preferiríamos toda la vida que nos opere un cirujano castor, que se asegure de que todo se haga correctamente, y no un cirujano nutria amante de la diversión, que esté más interesado por pasar un buen rato en la sala de cirugía.

Esta tendencia natural a identificar lo que está mal y tratar de corregirlo evita muchos problemas. Sin embargo, conocemos el caso de una madre que llevó al extremo esa tendencia y cometió un grave error con su hijo.

«Te extrañamos, hijo, y te amamos», dijo la voz en el teléfono.

«Gracias papá, yo también te extraño», contestó Rogelio.

«Una cosa más, hijo. ¿Podrías tomar tiempo para escribirle a tu madre? Sé que eso la alentaría».

El padre de Rogelio no estaba imponiéndole nada. Sabía que su esposa y su hijo se habían escrito regularmente durante los primeros meses que Rogelio asistiera a la Universidad. Ella estaba genuinamente interesada en escuchar acerca de su vida escolar y él se daba cuenta de que a ella le encantaba recibir sus cartas. Pero poco a poco el hijo había ido escribiendo cada vez menos, hasta que finalmente dejó de escribir.

Poco advertía la mamá de Rogelio que su actitud iba cerrando la comunicación de su hijo y quitándole las ganas de escribir. Nunca se hubiera imaginado que una característica propia de los castores afectaría a su hijo de esa manera.

Hubo una larga pausa del otro lado de la línea antes que Rogelio volviera a hablar. Con la voz emocionada, le dijo a su padre: «Papá, no voy a escribirle más a mamá. Si quiere hablar conmigo, lo voy a hacer por teléfono».

«¿Pero por qué?», preguntó su padre evidentemente desconcertado.

«Porque», respondió Rogelio con un profundo suspiro, «estoy cansado de enviarle cartas y luego recibirlas de vuelta con las correcciones ortográficas. Ya me basta con todos los que corrigen mis trabajos aquí en la Universidad. No quiero sentirme un fracasado cada vez que le escribo una carta».

La madre de Rogelio lo amaba profundamente. Pero su tendencia de castor de buscar la perfección y corregir hasta los más mínimos detalles significaba que si había alguna clase de error en la carta, ella *tenía* que mencionarlo. Para ella sólo se trataba de corregir lo incorrecto. Pero para su hijo, un sensible perro perdiguero, cada marca roja era como una negación de afecto y aceptación, no simplemente la indicación de un error en la página.

Toda empresa y toda familia necesita un castor. Pero como los leones, los castores pueden quedar tan atrapados en los resultados de un proyecto que no se dan cuenta hasta qué punto afectan a los que trabajan o viven con ellos. Los castores deben cuidar que los detalles de un proyecto o de una carta no se vuelvan tan importantes que les impidan percibir el mensaje y a las personas que hay por detrás. Sin darse cuenta pueden mostrarse excesivamente severos. Pero generalmente, el peor daño se lo hacen los castores a sí mismos.

6. Los castores tienden a volcar el enojo hacia adentro

De entre todos los animales en el zoológico familiar, los castores son los más propensos a sufrir depresión y problemas físicos asociados a ella. ¿Por qué? La respuesta se puede hallar en el significado mismo de la palabra depresión: ira volcada hacia adentro.

Los leones rugen cuando están enojados y las nutrias atacan verbalmente, mientras que los castores tienden a volcar la ira contra sí mismos. ¿Y qué es lo que normalmente enciende las llamas del enojo? Cometer errores.

Daniel apenas tenía nueve años cuando sus padres advirtieron un serio problema que era sorprendente a la luz de los fuertes instintos de castor, que había exhibido desde que había comenzado a andar. Mientras los otros niños de la familia simplemente tiraban la ropa y el calzado dentro del ropero, los zapatos de Daniel estaban perfectamente alineados y sus perchas ordenadas y clasificadas. Se lavaba cuidadosamente los dientes todas las noches, mientras que su hermano nutria ponía el cepillo bajo la llave del agua para que su madre creyera que se estaba lavando los dientes.

Cuando comenzó en la escuela, Daniel siempre sacaba notas altas, especialmente en instrucción cívica, hasta que llegó a cuarto grado.

Apenas unos meses después de comenzado el año escolar, Daniel tuvo dificultades en la escuela. Se estaba alejando de sus amigos y hasta de los miembros de la familia. Pasaba horas sentado en su habitación con la puerta cerrada, aparentemente estudiando. Pero sus notas seguían bajando y su actitud hacia la escuela era cada vez más negativa. Hasta empezó a simular que se sentía enfermo para no ir a clases, cuando antes había tenido asistencia casi perfecta.

¿Qué podría haber producido cambios tan dramáticos en tan poco tiempo? Daniel había tropezado con algo con lo que ningún castor puede vivir consecuentemente sin que se presenten efectos negativos.

El señor Rodríguez, su maestro, era apreciado por la mayoría de los padres de los alumnos. Había sido deportista y creía firmemente en la conveniencia de desafiar a sus alumnos a lograr el máximo, tanto en los deportes como en el aula. Pero había un problema. Lo que era un buen estímulo para muchos estudiantes estaba dañando emocionalmente a Daniel.

Como ya hemos dicho, los castores quieren tener indicaciones claras y necesitan hacer preguntas que les aclaren la información. Pero también necesitan algo más. Para lograr buenos resultados, necesitan recibir una fuerte sensación de respaldo y requieren una *atmósfera positiva,* donde no se les critique.

El señor Rodríguez estimulaba a sus alumnos desafiándolos. El sabía que Daniel era un excelente alumno, de manera que para motivarlo, se le acercaba y lo presionaba para que rindiera el máximo. Exhibía delante de todos los errores que Daniel y otros cometían.

A pesar de que el maestro siempre sonreía cuando lo motivaba, este joven y tímido castor no le veía ninguna gracia a los métodos del maestro. Todo lo que sentía era una increíble presión por lograr la perfección, para así evitar ser humillado delante de sus compañeros.

Es importante que comprendamos que tanto los perros perdigueros como los castores hacen las cosas más despacio cuando se les presiona. Presionarlos es como disminuir la temperatura del calentador de agua cuando queremos agua caliente.

Cuanto más temor tenía de fracasar, tanto más despacio iba Daniel, para asegurarse de no cometer errores. En consecuencia, el maestro lo hostigaba para que se apurase. «Vamos, Daniel», le decía al entregarle una prueba, «tú eres inteligente; puedes terminar esto en veinte minutos».

Si lo hubieran dejado tranquilo, o mejor aún, le hubieran dado un estímulo suave y la posibilidad de hacer preguntas, Daniel sí hubiera podido terminar hasta en diez minutos. Pero al enfrentarse con la presión de desafíos públicos y el temor constante de que sus errores fueran presentados delante de la clase, ¡se tomaba veinte minutos sólo para leer las instrucciones!

«No sé qué hacer para motivar a su hijo», dijo el señor Rodríguez en la primera reunión de padres que realizó. En realidad se estaba expresando mal. Lo que él veía como el problema de un muchacho «carente de motivación» era en realidad una evidencia de su desconocimiento respecto a cómo debe motivarse a un niño de personalidad tipo castor.

Daniel necesitaba el respaldo sereno y la libertad de preguntar que le otorgaban sus maestros de los años anteriores. Cuando eso le faltó, no recurrió a sus padres buscando ayuda como hubiera hecho un niño tipo nutria. No peleó como un león. Se sintió demasiado atemorizado como para expresarle a su maestro el dolor y la molestia que sentía. ¿Qué alternativa le quedó?

La única persona a la que podía agredir sin riesgo era a sí mismo. Y apenas en un semestre, se había maltratado tanto que su autoconfianza estaba tambaleante. Había sido antes un estudiante sobresaliente, pero ahora estaba convencido de que era un estúpido y un fracasado y estaba en camino de una profunda depresión juvenil.

Los padres de niños tipo castores deben asegurarse de alabar, estimular y proteger el carácter de sus hijos. También deben encomiar sus éxitos. Y eso lo pueden hacer quitándoles de encima la sensación de que sólo vale la pena vivir cuando se logra una puntuación de 100.

Los castores necesitan aprender que se puede fracasar y que está bien pedir ayuda cuando se encuentren con problemas. De la misma forma, si hay en la familia otras personas (especialmente leones y nutrias), los castores deben cuidarse de suponer que todos perciben los mismos problemas que ellos o los resuelven de la misma forma.

Por ejemplo, una tabla rota en la cerca del jardín puede molestar mucho a un castor. Después de todo, le da la oportunidad a alguien de espiar, o peor aún, de entrar. ¡Pero la mayoría de las nutrias, que no se fijan tanto en los detalles, probablemente tendrían que ver todo un tramo de la cerca roto, para que les captara la atención!

Finalmente, los padres tipo castores deben poder valorar a los niños cuyo temperamento les lleva a necesitar un *armario completo* para las medias en lugar de un cajón. Eso no significa que no deban asignarles tareas, inspeccionar sus habitaciones y enseñarles a ser responsables.[1] Pero si la mayoría de los niños requieren que se les digan las cosas entre doscientas y trescientas veces antes que se les haga un hábito, es importante que un padre o una madre castor tolere las faltas de sus hijos sin por ello considerarse fracasado.

Afortunadamente, la historia de Daniel tuvo un final feliz. El señor Rodríguez era una persona que estaba dispuesta a aprender. Después de la conversación con los padres de Daniel supo qué era lo que su alumno necesitaba para salir adelante. Disminuyó el aspecto severo de su metodología e incrementó el respaldo tierno con más estímulo, instrucciones más detalladas en la tarea asignada, abrazos espontáneos y nada de críticas en público.

Podemos ayudar a las personas tipo castores a sentirse más triunfantes en el hogar, en la oficina y en el aula si tenemos presente que son extremadamente sensibles a la crítica. Es indispensable ser tierno con ellas, aunque firmes con sus problemas.

7. Los castores tienden a concentrarse en el pasado

Como un buen castor bien organizado, la joven Diana pasaba buena parte de su tiempo planeando su futuro. Durante casi treinta años, las cosas iban bastante acordes a lo previsto.

Asistió a la Universidad que había elegido muchos años antes y se casó con un joven maravilloso después de graduarse, tal como siempre había planeado. Ahorraron suficiente dinero como para comprar una casa y luego, después de cuatro años «solitos» vino su primer hijo que nació apenas un día después de lo anticipado.

Como su madre, Diana quedó embarazada con facilidad y no tuvo ningún problema durante el embarazo, tal como ella había previsto. Pero entonces ocurrió algo que sobresalta mucho a los castores: algo *inesperado*.

Habían pasado dos años desde el nacimiento de su primer hijo y según los planes de Diana era tiempo de que su hijito tuviera una hermanita. Pero las semanas se hicieron meses y después de un año de intentar y esperar finalmente tuvo que enfrentar la posibilidad de que se trataba de esterilidad. Esto intranquilizó su bien planeado futuro desviándola del camino tan cuidadosamente trazado.

Diana hubiera sacado casi el máximo en la escala castor. Se sentía muy cómoda siguiendo el mismo camino que habían recorrido sus padres. Pero ahora, por primera vez se sentía como si hubiera perdido el mapa. Mes tras mes intentó quedar embarazada, hasta que finalmente se rindió y fue a ver un especialista. Después de eso vinieron los exámenes médicos, las inyecciones, los medicamentos, nuevamente la espera y siempre las lágrimas.

El principal marco temporal o cronológico de un castor es el pasado. Los castores quieren mantener el registro de lo andado. Les gusta saber cómo se han hecho las cosas antes. Si eso demuestra ser bueno, lo mantienen. También tienden a mirar hacia el pasado como una manera de explicar la situación o los problemas del presente.

Diana se quedaba a veces por horas en la cama tratando de identificar algún pecado escondido, que pudiera ser la causa de su tragedia personal. Centenares de veces al día se castigaba emocionalmente reprochándose por no «haber empezado antes a tener hijos» o por «no saber» lo que evidentemente nunca podría haber sabido.

Atrapada en el dilema de «si hubiera...», ya no se sentía libre para disfrutar de su hijo y de su esposo

David, que la amaba profundamente. Y lo peor, ya no podía disfrutar de su relación con Dios.

Su esposo trataba de animarla leyéndole versículos de la Biblia acerca de la fe, como este que encontramos en la Epístola a los Hebreos: «Es, pues, la fe la certeza de lo que se espera, la convicción de lo que no se ve».[2]

«Sólo tienes que tener fe, querida», le decía. «Vas a concebir un bebé».

Para su esposo, tipo nutria, imaginarse un futuro positivo era propio de su temperamento. (Veremos más al respecto en el capítulo seis.) De todos modos pasaba la mayor parte de su tiempo en el futuro. Pero casi por dogma, la fe es más bien un desafío para un castor.

La fe se concentra en el futuro. Como expresa la Epístola a los Hebreos, la fe es la certeza de lo que se espera. Implica cederle a otro el dominio de algo importante y a la vez sentirse bien. ¿Qué fue lo que sostuvo a Diana durante los tres años y medio en que luchó con su vida «fuera de control», hasta que Dios le dio otro niño por adopción?

«Para ser sincera», decía Diana, «yo no podía mirar hacia el futuro y ver las cosas de manera tan positiva como lo hacía David. Pero sí podía mirar hacia *atrás* y ver todas las ocasiones en que Dios había sido fiel conmigo en el pasado y eso me daba fuerzas».

Diana triunfó en la prueba de su fe cuando finalmente pudo usar esta tendencia de castor de concentrarse en el pasado como un aliado y no como un enemigo para torturarse a sí misma. Su fe no se fortaleció tratando de ser una persona que mirara al futuro como su esposo. En cambio, su fe aumentó cuando usó su capacidad natural de registrar la historia para asegurarse de que

Dios realmente sabía cuál era el mejor rumbo para su vida.

Hemos visto hasta aquí siete rasgos que siempre se manifiestan en la vida de nuestros amigos tipo castores:

1. Los castores mantienen dominio sobre sus emociones.
2. Los castores realmente leen los manuales de instrucciones.
3. Los castores tienen mucho cuidado al tomar una decisión.
4. Los castores disfrutan usando sus habilidades especiales para resolver problemas.
5. Los castores viven de acuerdo con el lema: «¡Hagamos esto de la manera correcta!»
6. Los castores tienden a volcar el enojo hacia adentro.
7. Los castores tienden a concentrarse en el pasado.

Todas estas características hacen de esas personas excelentes empleados, amigos y miembros de la familia. Es más, nuestro Señor tuvo rasgos de castor. Por ejemplo, ¿acaso no le gustaba hacer las cosas «como estaba escrito»? Por supuesto que sí. De hecho, sólo hacía lo que era correcto y estaba dentro de la voluntad de su Padre. No pasó por alto ni una jota ni una tilde de la ley de Dios.

Los castores tienen muchas cosas a favor, pero como nuestros amigos leones pueden perder el equilibrio saludable. Sin darse cuenta pueden dejar que su personalidad o su pasado los vuelva rígidos y severos en su manera de relacionarse con los demás.

Hemos visto que un león sensible o un castor equilibrado son los animales más colaboradores y más requeridos del planeta. Pero si no aprenden a agregar un poco de ternura a sus vidas, las personas con las que tratan terminan por figurar en la lista de especies en peligro de extinción.

Si usted tiene características de león o de castor asegúrese de leer los próximos capítulos que describen a nuestros amigos nutrias y perros perdigueros. Pero también se beneficiará mucho si lee los capítulos diez y once, donde le indicaremos diez maneras concretas de agregar una saludable ternura a su amor.

A continuación trataremos con el tercer animal del zoológico familiar. ¡Uno que se especializa en divertirse, en ser creativo, en motivar a otros, y en lograr que los niños se embadurnen con el cereal del desayuno!

CAPITULO SEIS

El lado bueno de las nutrias

HA observado a las nutrias, ya sea en medio de la vida silvestre o en el zoológico? Todo lo que hacen parece estar vinculado de una forma u otra a la diversión. Las nutrias marinas hasta comen nadando de espalda mientras balancean la comida sobre sus vientres. ¿Cómo actúan sus equivalentes humanos? Muy parecido. Las personas que sacan puntuación alta en la escala de las nutrias son fiestas andantes.

Hemos visto que la principal motivación para un león es conquistar y concretar algo y que la principal cualidad del castor es hacer las cosas correctamente y con eficiencia. También hemos visto que si no se cuidan, ambos tienden a inclinarse hacia el lado severo de los afectos. ¡En cambio la principal motivación de las nutrias es divertirse y disfrutar de la vida! Esa es sólo una de las siete características que solemos encontrar en las personas tipo nutrias.

1. Las nutrias sólo quieren divertirse

Si algo es divertido, seguro que la nutria lo intenta. Nosotros somos nutrias de pura cepa, lo cual probablemente explica la «divertida» idea que tuve (John) un día.

Cuando mi hija, Kari Lorraine, tenía dos años de edad, le encantaba comer con las manos. Como muchos niños pequeños, solía aplastar la comida y hacer una sola masa antes de comerla. Esa falta de educación fue lo que metió a esta nutria en problemas un domingo por la mañana.

El tiempo volaba y nos apurábamos por llegar, al menos no muy tarde, a la iglesia. (A las nutrias les encanta llegar siempre un poquito tarde.) Kari y yo todavía estábamos a la mesa tomando nuestro desayuno y mirando los dibujos animados en la televisión. Yo le había servido un pequeño plato de cereal. En el momento en que la leche entró en contacto con el cereal, se transformó en una masa ideal para que Kari jugara con ella.

Alzó un puñado de esa sustancia y dejó que la leche le corriera entre los dedos. Después de escurrir el cereal de esa forma unas doce veces, finalmente se cansó del juego y me preguntó: «Papito, ¿qué hago con esto?»

¿Qué le podría haber preguntado ella a una nutria amante de la diversión? «Querida», le dije con toda seriedad, «póntelo en la nariz».

¿Estaba bien decirle eso a una niña de dos años?

En el acto se le encendieron los ojitos y sin vacilar rompió a reír y se aplastó el cereal sobre la cara. Los dos nos pusimos a reír a carcajadas y ella volvió a tomar otro puñado y se lo aplastó en la nariz.

Yo debería haberme hecho cargo de la situación, pero en cambio estaba doblado en dos, muerto de risa. Hasta le serví un segundo plato de cereal sólo para divertirnos con el lío que estábamos armando.

Teníamos dos platos de cereal pastoso, esparcidos por encima de nosotros y en el piso. Nuestro perro, Cracker, se estaba empachando de tanto lamer esta golosina inesperada. Entonces fue cuando entró Cindy en la habitación y vio la pasta color café por todos lados.

Cindy es una persona alegre, pero es un castor y no considera la diversión desbordada como la meta primordial de su vida. Diez minutos antes de la hora en que debíamos estar en la iglesia estábamos en el jardín lavando a Kari con la manguera y tratando de limpiar la mesa y el piso de la cocina para poder salir.

Ya me había dado cuenta de que me había metido en problemas, pero fue el resto de la historia lo que realmente selló mi destino.

Mi esposa me llevó suavemente a un lado después que dejamos a nuestra hija en su clase de la escuela dominical. «John», me dijo, «no deberías enseñarle a jugar con la comida. ¡Yo me esfuerzo toda la semana por enseñarle modales aceptables para una niña de dos años y luego le das toda la libertad para que haga cualquier cosa!»

«Querida», le dije con naturalidad, «no seas aguafiestas». Esta es una frase típica dicha por una nutria, que significa: «¿Por qué tomarlo tan en serio? ¡Más vale divertirnos!» Desde mi punto de vista, había vivido una hermosa experiencia riéndome y vinculándome con mi hija. Pero, como les ocurre a muchas nutrias, había olvidado un principio esencial: Tener en cuenta las consecuencias de nuestra conducta «divertida».

Después del culto nos encontrábamos con unos buenos amigos (por suerte) almorzando en un restaurante. Acababan de servirnos la comida y habíamos logrado acomodar y hacer callar a los niños para dar las gracias. Terminamos de orar y al levantar la vista casi me desmayo.

Ahí estaba Kari, con una enorme sonrisa en el rostro y un gran puñado de tallarines en las manos. En mi afán por divertirme, me había olvidado de que los niños tienden a repetir lo que aprenden, especialmente si han recibido aliento de sus padres.

«¡No...!», traté de decirle, pero fue demasiado tarde. Toda nuestra sección del restaurante estalló en carcajadas, mientras miraban cómo mi hija se cubría de tallarines y cómo yo me escondía debajo de la mesa. La mirada de mi esposa me decía que yo era el que se había comportado como una criatura de dos años. (No era la primera vez que me encontraba con esa mirada.)

Si sus hijos son tipo nutria sepa que se van a presentar con maneras graciosas y creativas de comer, bañarse, de hacer sus tareas escolares. Casarse con una nutria significa acostumbrarse a las sorpresas, a la espontaneidad y a ver que una tarea de una hora en el jardín se puede transformar en tres horas de aventura divertida.

Los castores y los perros perdigueros aprecian y esperan la actitud divertida de las nutrias. Pero se puede transformar posteriormente, en una fuente de frustración en la relación, cuando el otro llega a preguntar: «¿Alguna vez actúas con seriedad?»

Los nutrias tienen que reconocer que si bien es lindo mantener un ambiente de diversión en todo, no puede ser así permanentemente. Si evitan siempre las conversaciones serias es como si obligaran a su pareja a comer únicamente crema, en lugar de una dieta equilibrada y sustanciosa de comunicación significativa. A veces, las nutrias también tienen que enfrentar temas difíciles y profundizar las relaciones más allá del humor superficial y entretenido. En síntesis es por eso que deben adquirir la capacidad de aplicar el lado severo del amor.

Mi aventura con Kari no dejó otro saldo que mis sentimientos heridos y la necesidad de ropa limpia para ella. Pero en cambio a Gary no le fue muy bien, cuando otra ocurrencia de las características de nutria, casi transformó una diversión en una tragedia.

2. Las nutrias saben motivar a otros a la acción

Nuestra familia (Smalley) ha disfrutado por años saliendo a acampar en las hermosas montañas boscosas de California. En uno de los lugares donde llegamos había una pequeña cascada. En la primavera hubiera estado rebosando de agua, pero a fines del verano la corriente había quedado reducida apenas a un hilo.

El agua no caía desde un barranco, sino que descendía por una pendiente muy pronunciada. Mientras caminaba (Gary) hacia la cima advertí que el musgo había formado una alfombra verde, suave y resbalosa, que parecía un tobogán natural hacia la laguna que se formaba abajo. Fue entonces que tuve una gran idea de nutria.

Si lograba que Greg, mi hijo mayor, subiera hasta arriba y se deslizara hacia la laguna, yo podría tomar una hermosa instantánea. Estaba seguro que mi nueva cámara fotográfica podía captar la imagen precisa, que terminaría siendo la foto de la tapa de nuestro álbum familiar.

«Greg, ven aquí», grité hacia donde el resto de la familia se encontraba sentada al pie de la cascada. Rápidamente subió hasta donde estaba, que era la mitad del camino a la cumbre, y le expliqué mi idea.

«Papá», me dijo con escepticismo mirando la pendiente y la distancia que cubría, «¿estás seguro de que no voy a tomar demasiada velocidad y no poder seguir la curva allá abajo antes de llegar a la laguna?»

Miré hacia donde señalaba y entendí lo que quería decir. La pendiente bajaba en línea recta justo hasta el final, donde hacía una curva a la izquierda antes de entrar al agua.

«Confía en mí», le dije. (*Confía en mí* es otra típica frase nutria que significa: «No me hagas preguntas como si ya no hubiera revisado todos los detalles. Va a resultar. ¡Sólo hay que probar!»)

Para tranquilizar a mi hijo agregué: «Greg, si te vas a sentir mejor, yo me voy a colocar justo en la curva para detenerte si fuera necesario».

En realidad estaba pensando que desde esa posición tendría una buena toma de mi hijo viniendo por la pendiente, para luego darme vuelta y tomar otra foto muy buena cuando cayera en el agua.

Con todo, me daba cuenta de que mis palabras no lograban que mi hijo se sintiera mucho mejor. Pero las nutrias suelen ser muy convincentes y yo seguí hablando. Poco después, Greg ya estaba subiendo hacia la cumbre de la cascada para darse el gran chapuzón.

Ocurre en muchos accidentes que las cosas suceden tan rápido que parecen acelerarse por sí solas. Por la lente de la cámara vi como Greg se impulsaba desde la cumbre, empezaba a deslizarse cuesta abajo y adquiría velocidad. La pendiente era mucho más pronunciada de lo que había advertido, ya que no había subido hasta arriba. Greg no había llegado a la mitad y ya venía a una velocidad excesiva.

Renuncié a enfocar la cámara y empecé a depositarla en el suelo para poder atajar a Greg cuando «¡zoom!» pasó a toda velocidad delante de mí antes que atinara a moverme. ¡Ni decirlo, jamás entró en la curva! ¡En vez de caer a la laguna siguió rebotando ladera abajo y cayó detrás de un barranco!

Cuando me di vuelta, vi el rostro de Norma allá abajo. Tenía los ojos bien abiertos, llena de terror y daba alaridos mientras miraba lo que todavía no podía alcanzar a ver. Corrí hasta el borde del barranco, y al mirar abajo vi cómo iba rodando Greg por las rocas, para finalmente quedar tendido al pie de la loma.

Mi primer pensamiento fue: *¡He matado a mi hijo!* Bajé dando tumbos por la ladera sin creer lo que había hecho. *¿Por qué no lo pensé? ¿Por qué se lo propuse?*, me iba reprochando constantemente.

Afortunadamente, esta historia tiene un final feliz. Cuando llegué abajo, Greg ya estaba sentado, algo asustado, pero se había mantenido sereno, procurando deslizarse sentado hasta detenerse.

La más asustada era la mamá tipo castor-perro perdiguero. Tanto que, cuando hace poco mirábamos fotos de familia y pasamos unas de ese desafortunado viaje a la cascada, se inclinó hacia mí y me dijo: «¡Gary, esa fue la única vez en mi vida en que si te hubiera tenido a mano, no sé qué hubiera sido capaz de hacerte!»

Las nutrias son muy buenas para motivar a otros. Pueden cautivar el auditorio y alentar a los desanimados. Muchas personas tipo nutria usan sus habilidades verbales y llegan a ser predicadores o maestros. Y todos parecen tener un don natural de locuacidad, que provee a un hogar o una oficina de energía y motivación adicional.

3. Las nutrias tienden a pasar por alto los detalles

Como yo (John) no tenía padre, mi madre hacía el papel de «papá» de muchas maneras llevándonos, a mi hermano y a mí, a acampar y alentándonos en los deportes. Pero una cosa que nos faltó fue aprender a manejar herramientas.

Mi falta de habilidades mecánicas no fue problema hasta que me casé. Fue entonces cuando Cindy descubrió mis pocas inclinaciones mecánicas y empezó a animarme para que mejorara en ese aspecto.

Nunca olvidaré un incidente. Estábamos en casa, mirando televisión, y pasaron un anuncio de una nueva marca de aceite para motores. Como algo novedoso, se mostraba a un mono entrenado que cambiaba el aceite, para señalar lo fácil que era. El mono destornillaba el tapón del aceite debajo del auto, sacaba el filtro viejo y lo reemplazaba por uno nuevo y luego ponía el aceite nuevo. «Es así de sencillo», era lo que implicaba el anuncio.

«John», dijo Cindy con una sonrisa. «¡Estoy segura de que podrías cambiar el aceite del automóvil después de ver eso!»

¡Cambiar el aceite!, pensé. «¡Te apuesto que sí!», dije y me levanté de un salto entusiasmado con la idea de ahorrar dinero y proteger el motor del automóvil como nunca. A la postre resultó que hubieran tenido que proteger al vehículo, de mi intervención.

Estaba motivado (característica de nutria), listo para divertirme (otra característica), pero, ¿acaso leí alguna instrucción antes de ponerme a cambiar el aceite? No (tercera característica).

Como no tenía herramientas fui a ver a mi vecino y le pedí prestada una llave. Con eso, me instalé. Me metí debajo del automóvil con un recipiente plástico para recibir el aceite usado y logré destornillar una enorme tuerca que parecía estar justo debajo del motor. Apenas lo saqué, cayó un chorro de aceite rojo.

«¿Aceite rojo?», pensé. *«Qué suerte que decidí cambiarlo. El aceite viejo se debe poner de ese color»*.

Después de dejar que saliera todo el «aceite», repuse el tornillo, agregué seis o siete litros de aceite que había comprado *(después de todo*, pensé, *es un motor grande)* y estaba listo para arrancar. ¿De veras? ¡No! Estaba listo para arruinar el automóvil.

Si todavía no adivinó, le cuento que sin saberlo había extraído todo el líquido de la trasmisión, no el aceite. Ahora tenía como doce litros de aceite en el automóvil en lugar de cinco y ni una gota de líquido de trasmisión.

¿Cuándo hicimos este maravilloso descubrimiento? Esa noche al salir en el automóvil y quemarse la trasmisión en medio de la autopista central de Dallas, Texas.

Si bien mi experiencia de pasar por alto los detalles me hizo terminar en el taller de trasmisiones. En muchos casos esa característica de las nutrias de actuar sin seguir las instrucciones brinda resultados positivos. Por ejemplo, muchos cocineros, artistas y músicos son nutrias que usan su habilidad natural de «improvisar» para crear obras de arte. Puede estar seguro de que una nutria va a encontrar maneras innovadoras de hacer algo, pero sepa que rara vez lo hará siguiendo un manual.

Las nutrias tienen una cuarta característica en común. Pareciera que Dios las ha equipado con una válvula de escape que les permite superar los peores problemas y este rasgo está vinculado con su perspectiva del tiempo.

4. Las nutrias tienen la vista puesta en el futuro

Las nutrias rara vez consideran que los problemas sean tan tremendos como otros piensan y esa puede ser una gran ventaja. ¿Por qué? Porque debido a la manera en que perciben el tiempo, las nutrias tienden a ser increíblemente optimistas, rasgo que las mantiene sin tensiones, aun durante las dificultades.

Para la mayoría de las nutrias, el futuro está inseparablemente ligado al presente. Es una manera de ver la vida que allana mucho el camino. Y como el 99% de los problemas existen en el pasado o en el presente enfocar el futuro, donde todo puede resultar bien, las ayuda a mantener el optimismo.

Recientemente leímos un relato que ilustra de una manera hermosa el valor de ese optimismo. Se trataba del emotivo relato de un piloto norteamericano que fue derribado por los norvietnamitas, capturado y puesto en la prisión de «Hanoi Hilton» durante varios años. Nos emocionó leer sobre la habilidad que desarrollaron varios prisioneros para enfrentar su confinamiento, dejando mentalmente a un lado los problemas del presente y concentrándose en el mañana.[1]

En medio de su cautiverio, estos hombres habían proyectado y construido casas y otras estructuras, todo dentro de su mente, hasta el punto de ubicar los muebles en las habitaciones. Otros formaban equipos imaginarios de béisbol o fútbol, hasta con seleccionados, torneos regionales y campeonatos. La habilidad para usar la imaginación para concentrarse en el futuro los ayudó a enfrentar la prueba del presente.

Esa misma habilidad se ve claramente en otros individuos. La hija de Juanita había nacido con un defecto congénito. Para muchos padres, las limitaciones físicas de la pequeña Delia le hubieran cerrado las puertas a sus posibilidades futuras. Pero como nutria que era Juanita echó mano a sus recursos naturales y fijó la mirada más allá de los obstáculos del momento.

Por fe, Juanita siguió creyendo y estimulado a su hija hasta que llegó a ser mucho más de lo que todos imaginaban que podría ser. Llevó años de esfuerzo cotidiano, pero la pequeña Delia finalmente floreció más allá de las expectativas de los demás, gracias a la habilidad de su madre de concentrarse en una meta futura.

El problema de la niña era que su brazo izquierdo nunca llegó, posterior al codo, a desarrollarse . Al nacer, sólo tenía un pequeño apéndice donde tendría que haber tenido antebrazo y mano. Pero su mamá tipo nutria siempre miraba hacia el futuro y le decía: «Puedes hacer todo lo que te propongas».

Durante toda la escuela primaria y secundaria, su mamá estuvo cerca de ella animándola y contagiándole optimismo. Luego vino la Universidad y Delia decidió estudiar música en una de Texas, que es excelente. La imagen que le había trasmitido su madre de que el futuro era positivo, le hacía sentir que realmente podía hacer todo lo que se propusiera, inclusive tomar clases de piano como se pedía de todos los estudiantes de música.

La persona más feliz y satisfecha en el recital de graduación de Delia fue su madre tipo nutria, que había usado sus puntos fuertes para estimular y enriquecer la vida de su hija.

Enfocar con optimismo el futuro puede ser una ventaja, pero otras veces puede ser una debilidad. Eso ocurre especialmente si las nutrias no armonizan el uso de sus puntos fuertes y terminan negando o disculpando sus problemas. Eso fue lo que ocurrió con una pareja que vino a nuestro consultorio buscando orientación.

Ramón y Rosario habían estado casados apenas unas semanas cuando decidieron divorciarse. Desde su perspectiva, la relación ya no podía salvarse. Pero antes que llenaran los documentos de divorcio, alguien los convenció de que buscaran asesoramiento.

El muchacho era una nutria consumada. ¿Se imagina qué decía él acerca de sus problemas? Con la vista puesta en el futuro, le había estado diciendo a su esposa cosas como éstas: «Probemos un poco más. Las cosas tienen que mejorar. Ya verás el mes que viene. Querida, dame una oportunidad».

Desafortunadamente, Rosario miraba la vida desde el punto de vista opuesto. Era decididamente un castor y se concentraba en el pasado. Ella escuchaba los ruegos de su esposo de que el futuro sería diferente, pero quería ver resultados antes de poder creer en él. Y como las cosas no habían andado bien durante las seis semanas anteriores ni en los meses previos al casamiento hacía afirmaciones como éstas: «Todavía no ha mejorado nada. Nuestro noviazgo fue terrible, ¿por qué tengo que pensar que las cosas van a mejorar?»

Ramón había fracasado durante el noviazgo respecto a su promesa de cambiar algunos hábitos que Rosario odiaba y él le restaba importancia a la desilusión que ella había sentido después del casamiento. Tuvo que reconocer acorralado, que en su situación, el futuro por sí solo no los ayudaba a mantener el matrimonio. Sólo cuando despertó a la cruda realidad del presente y al hecho de que su esposa estaba a punto de abandonarlo pudo cambiar su enfoque.

Afortunadamente salieron adelante con el asesoramiento y ya han cumplido cinco años de matrimonio. Pero ambos han aprendido algo vital acerca del tiempo: La importancia de encarar las diferencias de perspectiva que los cónyuges tienen respecto al tiempo. Cuanto más pueda una persona tipo nutria respetar la necesidad que tienen otros temperamentos de ver resultados concretos, tanto mejor.

Mientras se mantenga la armonía, el optimismo de las nutrias, con su enfoque en el futuro puede ser saludable. Puede ayudar a forjar una perspectiva positiva para ellos y para los demás. Pero a la vez, esa perspectiva divertida y entusiasta de la vida puede hacerles difícil enfrentar la realidad.

5. Las nutrias procuran evitar enfrentamientos a toda costa

Daniel, recién casado, estaba fascinado con su flamante esposa y con su nuevo trabajo. Al fin lo habían ascendido al cargo que deseaba en el departamento de publicidad de su compañía. Para él la situación era insuperable. Y tenía razón. Sin embargo, todo iba a volverse en su contra.

Daniel había oído rumores de que la competencia iba

a comprar la compañía, pero esos rumores habían circulado por años. No obstante, un día vio que la gente corría por las escaleras gritando la noticia de que la compañía había sido adquirida por una corporación multinacional.

Daniel le contó a Nancy lo ocurrido pero no le dijo toda la historia. Omitió decirle que los nuevos propietarios tenían su propia agencia de publicidad y por lo tanto era muy probable que no necesitaran sus servicios.

El no estaba tratando de herir a Nancy. Todo lo contrario. Con su manera suave de manejar los problemas creía que hacía lo correcto evitándole saber lo que «podría» pasar. Pero no sólo omitió decírselo por su interés de protegerla. Al no hablar del problema con su esposa evitaba al menos por un tiempo, enfrentarlo él mismo.

Desafortunadamente, el tiempo se le acabó a Daniel un día que Nancy llegó antes que él a la casa y encontró entre las cartas la notificación de despido.

Si usted tiene puntuación alta en la escala de las nutrias prepárese para pasar a veces por el conflicto de confrontar a otros y aprender a manejar discusiones difíciles que requieren una posición inflexible. Las pautas que le ofrecen los capítulos diez y once sobre cómo agregar una saludable cuota de firmeza a su amor, le ayudarán a obtener el equilibrio que necesita en este aspecto.

No quiere decir que todas las nutrias van a recurrir a la manipulación o al engaño para evitar la confrontación como lo hizo Daniel. Pero la mayoría de las personas tipo nutria tienden a evitar los temas explosivos o demoran encarar estas discusiones difíciles que no tienen nada de divertido.

6. Las nutrias son muy eficaces para hacer contactos

La sexta característica común de los individuos tipo nutria es una que los hace muy buenos empleados y amigos. Consiste en que parecen estar bendecidos por la capacidad de vincular a las personas entre sí.

Las nutrias rara vez se encuentran con extraños. Siempre conocen a alguien, que conoce a alguien, que conoce a alguien. ¡El único problema es que no recuerdan los nombres de todos! Se encuentran con tanta gente que pronto saludan a todos de la misma manera: «Hola, amigo», «Qué tal, querida».

Mi hija Kari (Gary) tiene mucho de nutria y es una de las mejores creadoras de cadenas de contactos en el mundo. Mientras escribo esto, ella se encuentra cumpliendo su primer año como maestra de una escuela ubicada en una zona que es clásica, por la escasa asistencia de los padres a las reuniones.

En lugar de adoptar una postura cómoda y simplemente confiar en que las cosas resulten mejor por sí solas, Kari tomó la iniciativa de organizar por su cuenta, una primera cena para las familias de sus alumnos. ¡Hubo más de sesenta personas presentes!

Lo que Kari había hecho es algo que la mayoría de las nutrias pueden hacer de corazón: reunir personas para un acontecimiento. Había oído acerca de las ausencias, pero eso no la detuvo. Sabía que si empezaba a telefonear a los padres y además les enviaba una invitación para cenar podía ocurrir cualquier cosa. Y con todos los contactos telefónicos que hizo, además de mencionar que Fulano traería esto y Zutano traería aquello, logró que todos, desde abuelos a tíos, se conocieran y disfrutaran de la cena.

El director estaba tan bien impresionado con el entusiasmo de Kari por comprometer a los padres, que de inmediato le pidió que ayudara al presidente de la organización de padres y maestros a planear varias reuniones con ellos durante el año.

Hemos visto que las nutrias tienen muchas características «tiernas», que evidentemente se traducen en amistades y relaciones divertidas. Pero hay un rasgo difícil que comparten estos miembros del zoológico familiar y los padres de niños tipo nutria deben estar al tanto del problema.

Tenga en cuenta en primer lugar, la profunda necesidad que tienen las personas tipo nutria de ser queridas por todos y de sentirse parte del grupo. Mezcle con eso sus tendencias impulsivas, creativas y con su gusto por la algarabía y la aventura. Con esa mezcla tenemos la receta perfecta del temperamento más vulnerable a la presión de los semejantes.

7. Las nutrias son muy susceptibles a la presión de sus semejantes

Hay un hombre en el Antiguo Testamento que con toda seguridad carecía del gusto por la diversión que tienen las nutrias, pero sin embargo parece haber tenido muchas otras características de nutria. Desafortunadamente, las llevó a tal extremo que en vez de ser puntos fuertes se transformaban en debilidades.

Cuando los israelitas pidieron un rey, como todas las naciones vecinas, fue elegido Saúl. Como muchas nutrias, le preocupaba lo que pensaban los demás. Sobresalía sobre la cabeza de todos los demás hombres y era muy bien parecido. Pero el énfasis que puso Israel en considerar las apariencias al elegir rey hizo que Dios le dijera al profeta Samuel: «No mires a su parecer, ni a lo grande de su estatura, porque yo lo desecho; porque Jehová no mira lo que mira el hombre; pues el hombre mira lo que está delante de sus ojos, pero Jehová mira el corazón».[2]

A Saúl también le gustaba estar en lugar destacado, especialmente frente a la tropa. Sin embargo, al mejor estilo de la nutria, nunca pensaba mucho en los detalles de las órdenes que daba a sus hombres. Fue así que en cierta ocasión impulsivamente ordenó que ninguno de sus hombres comiera o bebiera durante una batalla importante y eso llevó a Israel a sufrir una gran derrota, además de que su propio hijo casi perdió la vida.

Cuando se sentía bajo presión, Saúl reaccionaba atacando de palabra a los que estaban cerca de sí (algo que tienden a hacer las nutrias). Pero quizá lo peor de todo es que era terriblemente sensible a la opinión popular. Tanto que le importaba más complacer a los hombres que a Dios.[3]

Desafortunadamente, el rey Saúl cedió a la presión de sus semejantes y desobedeció abiertamente a Dios permitiendo a sus soldados que se quedaran con parte del botín en una importante victoria. Como resultado de su conducta, Dios le quitó el reino de las manos.

Ninguno de nosotros perderá un reino por ceder a la presión de nuestros semejantes. Pero quizá perdamos el respeto de alguien, un trabajo o aun a nuestros hijos, por no protegerlos de las drogas o el alcohol. Los que tienen hijos tipo nutria tienen que asegurarse de establecer una fuerte amistad con ellos, para ayudarlos en los tiempos difíciles de la adolescencia cuando la presión de los amigos es tan grande.[4]

Las nutrias suelen ser líderes y personas muy populares. Sin embargo, sería bueno que recordaran que lo más importante es la actitud del corazón, no el número de amigos que tienen o cuán bien les pueden caer.

A las nutrias les resulta fácil ser tiernas con la gente. Lo que no les resulta tan fácil es ser firmes con los problemas. Es importante tener en cuenta los riesgos de complacer a los demás en medio de la diversión, la energía y el entusiasmo que generan las nutrias.

Las nutrias no son los únicos animales que tienen tendencia natural a ser tiernos. En el próximo capítulo descubrirá otro grupo de personas que tienden a tener una increíble capacidad para forjar relaciones profundas y duraderas.

Son aquellas que tienen un cartel pegado en la frente: «Te quiero. Seré un buen amigo». Emiten un mensaje sin palabras que expresa: «Llámame; me encantará escucharte siempre que quieras». Parecen ser los que vienen dotados de las características naturales más tiernas y son nuestros amigos los perros perdigueros.

CAPÍTULO SIETE

Las cualidades del perro perdiguero

HACE varios años fui (John) consejero del equipo pastoral de una iglesia de una gran cantidad de miembros. Después de haber asesorado a muchas parejas comencé a advertir que se puede saber bastante acerca de la gente con sólo observar la forma en que llegan al consultorio de orientación. Cuando vi a Eduardo y Diana entrar arrastrando los pies y ponerse rígidos cuando les señalaba un sofá donde sentarse juntos supe de inmediato que su matrimonio estaba en grandes problemas.

«Bueno», dije mientras miraba sus formularios y ellos se sentaban lo más separados que podían sin caerse del sofá. «Aquí dice que llevan veintiocho años de matrimonio. Es un verdadero éxito. También dice aquí que están pasando por grandes dificultades. ¿Cuánto hace que tienen problemas?», pregunté levantando la mirada de los formularios.

Se miraron el uno al otro como pidiéndose permiso para hablar y luego se volvieron y dijeron al unísono: «¡Veintiocho años!»

Sin haberles hecho jamás nuestra prueba de personalidad podía asegurar que al menos uno de los dos era un individuo tipo perro perdiguero. ¿Por qué? Porque de todos los animales del zoológico familiar, los perros perdigueros son los que pueden absorber mayor sufrimiento emocional y sin embargo, seguir fieles a la otra persona.

¿Cómo lo hacen? Porque Dios les ha dado al menos siete cualidades que los ubican claramente en el lado tierno del amor. Cualidades como por ejemplo de hacer que la lealtad sea una prioridad, sin importarles lo que les cueste.

1. Por encima de todo, los perros perdigueros son leales

En 1864 en Edimburgo, Escocia, vivía un anciano llamado Jock. Por años había sido un fiel pastor de ovejas que había enfrentado con valor, las inclemencias del tiempo para proteger a sus rebaños. Pero los ásperos montes de las tierras altas habían cobrado su precio. Tenía casi setenta años y todavía tenía la destreza y el corazón de un pastor pero había perdido la salud. Sus piernas ya no podían trepar para buscar a las ovejas descarriadas ni perseguir a los animales peligrosos. Aunque la familia para la que trabajaba sentía afecto por él, la situación económica le impedía seguir contando con sus servicios. De manera que, con dolor en su corazón y francamente debilitado, se alejó en su vieja carreta dejando su amada campiña para instalarse en su nuevo hogar en la ciudad.

Una vez allí, Jock se mostró muy servicial y pronto tuvo muchos amigos entre los comerciantes. Apreciaban a Jock por su cálida sonrisa y necesitaban de sus habilidades prácticas. Era muy diestro en cosas complicadas como arreglar una silla que aparentemente no tenía arreglo o en rellenar las rendijas de una ventana para que no se colara el húmedo frío escocés. Pero pese a todos sus amigos, su familia se reducía a una sola criatura, un *terrier* abandonado que él había adoptado y a quien llamaba Bobby.

Jock y Bobby eran inseparables y marchaban juntos recorriendo los negocios en busca de trabajo. La rutina era siempre la misma. Empezaban el día en el restaurante del lugar donde tenían una pequeña tarea para cumplir a cambio de una comida. Luego seguían calle abajo deteniéndose en cada negocio, para ver si necesitaban los servicios del peón. Finalmente por la noche, los dos volvían rumbo a la posada que les servía de hogar.

Se dice que muchas personas perciben o saben interiormente cuándo les llega el tiempo de morir. Así fue con Jock. Habían transcurrido varios años desde la llegada del viejo escocés a la ciudad. El verano llegaba a su fin y los cerros estaban totalmente florecidos. Un día, mientras amanecía, en lugar de caminar hacia el restaurante con Bobby empujó su cama hacia la única ventana que había en la habitación. Allí se recostó mirando hacia las altas montañas de su amada Escocia.

«Amiguito», dijo restregando el pelo negro y espeso de Bobby con una mano que sólo tenía la fuerza del amor, «me ha llegado la hora. Nunca más dejaré la campiña. Lo siento, amigo, pero tendrás que arreglártelas por ti mismo a partir de ahora».

Sólo quien ha amado de veras podría saber lo intenso que era el vínculo que unía a ambos. Mientras miraba a los ojos de su mejor amigo, los ojos del viejo pastor se nublaron. Un escalofrío le recorrió el cuerpo y Bobby, el pequeño perrito negro, se arrimó más a su amo. Hizo lo más que pudo por mantenerlo con calor, mientras el viejo Jock se deslizaba hacia la eternidad.

Jock fue enterrado al día siguiente en un sitio extraño para un hombre tan pobre. Por el lugar donde murió y la necesidad de sepultar el cuerpo en breve fue ubicado en uno de los cementerios de mayor categoría en Edimburgo, el *Greyfriar's Churchyard*. Allí fue enterrado este hombre sencillo, en medio de los más poderosos y nobles de la historia de Escocia. Pero aquí comienza la historia.

A la mañana siguiente, el pequeño perrito se presentó en el mismo restaurante que él y Jock habían visitado cada mañana. Hizo la ronda completa de los negocios, tal como había hecho siempre con Jock. Y así día tras día. De noche desaparecía, para volver al restaurante a la mañana siguiente.

Los amigos de Jock estaban preocupados acerca de dónde dormiría el perro, hasta que finalmente se descubrió el misterio. Cada noche, en lugar de buscar el calor de una estufa de leña o al menos un refugio del inclemente viento y la lluvia escocesas entraba sigilosamente al cementerio de Greyfriar y se acostaba sobre la tumba de su amo.

El celador del cementerio ahuyentaba al perro cada vez que lo veía. Después de todo había una ordenanza que prohibía los perros en los cementerios. El hombre procuraba arreglar la cerca y hasta colocó trampas para atraparlo. Finalmente, con la ayuda de un alguacil, lo agarraron y encerraron por carecer de dueño. Como nadie tenía papeles legales para reclamarlo parecía que estaba destinado a que le dieran muerte.

Amigos del viejo Jock y de Bobby escucharon de su

desgracia y concretamente presentaron un recurso ante la justicia local. Al fin llegó el día en que el caso fue presentado al alto tribunal de Edimburgo.

Se requería un milagro para salvarle la vida, mucho más para lograr que este fiel perro tuviera derecho a quedarse cerca de la tumba de su amigo. Sin embargo, eso fue exactamente lo que pasó en circunstancias que no tienen comparación en toda la historia de Escocia.

Antes que el juez pudiera dictar sentencia, una pandilla de niños de la calle entró corriendo a la Corte. Centavo a centavo, estos pilluelos habían juntado el dinero necesario para el permiso de Bobby.

El funcionario estaba tan impresionado por el amor de los niños hacia el animal que oficialmente le otorgó al perro la «libertad de la ciudad» y lo declaró propiedad comunitaria, con un collar especial que así lo identificaba.

Ahora Bobby podía correr libremente jugando todo el día con los niños. Pero todas las noches, *durante catorce años, hasta que murió en 1879*, este amigo leal y afectuoso hacía la guardia silenciosa en el cementerio de *Greyfriar*, junto a la tumba de su amo. Si alguna vez usted visita Edimburgo podrá ver la estatua dedicada al noble animal, Bobby de Greyfriar, que se levanta allí por más de cien años después de haber muerto el perro.[1]

Ese perro demostró una cualidad que es propia de los miembros humanos del zoológico familiar que sacan alta puntuación en la escala del perro perdiguero. En esas personas podemos ver la lealtad del que acompaña a un enfermo, del que escucha por horas los problemas de otro, del que presta ayuda aun en días sábados o feriados.

Esa increíble muestra de ternura puede encontrarse

en muchos hogares donde un padre o una madre que corresponde a la clase de los perros perdigueros cuida con fidelidad de su familia.

Veamos el ejemplo de Brenda, quien perseveró durante cinco años y medio mientras su esposo era prisionero de guerra en Vietnam y nunca dejó de amarlo ni de orar por él. O pensemos en Carlos, un rústico pescador acostumbrado a la vida al aire libre, quien hace años ha renunciado a eso para cuidar de su esposa inválida.

Pero no sólo vemos la lealtad del perro perdiguero en situaciones dramáticas como ésas. Muchos esposos y esposas son héroes anónimos, que hacen de la fidelidad a sus familias, a sus empresas y a sus iglesias, el sello de sus relaciones. ¡Qué extraordinaria cualidad!

Sin embargo, como veremos más adelante, esa profunda lealtad de los perros perdigueros también puede tener un lado sombrío. Términos tales como *codependencia* y *estímulo negativo* son rótulos que encontramos en aquellos que, en nombre de la lealtad, convierten sus puntos fuertes en debilidades.

La lealtad es la característica predominante de una persona tipo perro perdiguero y en muchos sentidos es como una sombrilla que cubre todos los demás rasgos. Debajo de esa sombrilla encontramos otros seis rasgos tan importantes como ése. El segundo rasgo que vamos a considerar está muy emparentado con la lealtad. Por la misma razón que el perro perdiguero siente un profundo compromiso hacia los demás tiene una sincera necesidad de conocerlos de forma personal y profunda.

2. Los perdigueros necesitan relaciones personales profundas

Ya hemos dicho que las nutrias y los perros perdigueros tienen habilidad natural para forjar relaciones. Pero una gran diferencia entre ambos es la profundidad de las relaciones que establecen.

Las nutrias hacen fácilmente amistad con todo tipo de personas y a menudo conocen cientos de personas distintas, pero apenas superficialmente. Su meta no es mantener una amistad íntima sino muchas, pero más superficiales. La mayoría de las nutrias pueden tener hasta diez o doce «mejores» amigos; uno en el vecindario, otro en la escuela, otro en el trabajo, otro en la iglesia, otro en la escuela de los hijos, etcétera.

Los perros perdigueros consideran la amistad desde otro punto de vista. Generalmente no conocen a tantas personas. Pero con los que consideran sus amigos quieren mantener relaciones importantes.

Eso es especialmente cierto en un matrimonio. El perro perdiguero normalmente espera mayor profundidad en el sentimiento y en la comunicación. Por eso un cónyuge tipo perro perdiguero puede frustrarse con el ajetreo del león y sus proyectos, la reserva emocional del castor o la extroversión de la nutria.

Nuestras respectivas esposas tienen ambas marcadas tendencias de perro perdiguero y ambas tienden a forjar amistades duraderas. Cindy todavía se reúne en las Navidades con diez de sus mejores amigas de la escuela primaria. Yo (John) no logro recordar a mis maestros de primaria, ¡mucho menos a diez compañeros!

Norma cultiva esa misma amistad profunda. Hace

poco celebró un cumpleaños muy significativo y los niños y yo (Gary) estuvimos trabajando durante meses para prepararle una hermosa fiesta sorpresa.

La recibimos al entrar, con un coro de «¡sorpresa!» y «¡feliz cumpleaños!» y la hicimos sentar en un sillón de la sala. Lo que ella no sospechaba era que en el piso de arriba había varios amigos muy queridos y otros parientes esperando para hablar con ella.

En casa tenemos un sistema de intercomunicación, pero esta vez no era música lo que trasmitía sino voces cargadas de historia. Como en un viejo programa de televisión denominado: «Esta es tu vida», una persona tras otra de las que estaban en el piso de arriba iba trasmitiendo por el intercomunicador algo acerca de la vida de Norma.

Norma podía escuchar la voz, pero no veía a la persona. Y cada una de ellas concluía la anécdota o el comentario preguntándole: «¿Me reconoces?»

Una nutria típica hubiera tratado de adivinar y confiaría en que su buen sentido del humor disimularía los errores. Pero la memoria de Norma era perfecta. Reconoció a cada una de las voces mucho antes que terminara de hablar y fue llamando a cada uno por nombre para que bajara. Ni siquiera titubeó con las voces de sus tres mejores amigas de la Universidad, a las que hacía muchos años que no veía.

Para las nutrias, mantener las mismas amistades durante tres meses ya es todo un éxito. Disfrutan pasando de un grupo a otro y enfocan tanto el futuro que generalmente no miran hacia atrás. Pero el profundo sentido de lealtad que tienen los perros perdigueros los lleva a apegarse fuertemente a sus seres queridos y procuran mantenerlos cerca a lo largo de los años.

Los perros perdigueros son leales por naturaleza y buscan amistades duraderas. Un tercer rasgo que comparten es la tendencia instintiva a expresar esa lealtad hacia los demás.

3. Los perdigueros tienen una profunda necesidad de complacer a otros

Acabábamos de ofrecer en nuestro seminario: «El amor es una decisión», la sección correspondiente a la personalidad de los diversos animales y una joven madre se nos acercó, a punto de llorar. «Gracias por lo que han explicado», dijo con evidente emoción. «Por fin puedo entender algo. Nuestro hijo mayor es exactamente lo que ustedes han descrito como un perro perdiguero. Es afectuoso, sensible, se esmera por complacernos y nunca ha dado problemas, ni siquiera cuando estaba embarazada de él. Pero desde que nació su hermanito, que corresponde al tipo león, no ha habido más que guerra en nuestro hogar. Ahora sé por qué son tan diferentes».

Muchos padres de hijos tipo perro perdiguero tienen esa misma experiencia. Pueden observar en sus hijos un profundo deseo por complacerlos y complacer a los demás, no a la manera de las nutrias, sino motivados por el genuino interés por el bien de aquellas personas con las que están comprometidos.

Un ejemplo clásico de una persona que muestra esta característica de los perros perdigueros es Terry Brown, el coordinador nacional de nuestros seminarios. Antes de incorporarse a nuestro equipo, Terry había sido un eficientísimo director de programa del discipulado cristiano en una Universidad. Cuando se incorporó a nuestro equipo tenía una sola meta en la mente: Hacer cualquiera cosa que fuera necesaria para apoyar nuestro ministerio y fortalecer a las familias en todo el país.

Durante los últimos seis años, Terry ha sido realmente el héroe anónimo de nuestro ministerio. De las casi treinta y tres mil personas que van a asistir a nuestro seminario «El amor es una decisión» en el curso de este año, muy pocos reconocerán su nombre. Sin embargo, todas ellas asisten gracias al incansable esfuerzo de Terry por disponer la iglesia anfitriona, organizar los seminarios, difundir la información y coordinar los centenares de detalles necesarios para el éxito de un ministerio como éste.[2]

Si usted tiene un amigo tipo perro perdiguero como Terry, seguramente recibirá tanta bendición como nosotros. La rara disposición que tienen de renunciar a sus necesidades personales para servir a los demás es una extraordinaria virtud.

4. Los perdigueros tienen un corazón lleno de compasión

En la actualidad estoy (Gary) involucrado en un grupo de parejas que se reúnen todos los miércoles para rendir cuenta de sus acciones. Durante una hora y media compartimos las luchas y los éxitos que hemos tenido durante la semana. Como una manera de derribar las barreras, cuando iniciamos el grupo, hice que todos tomaran la prueba de evaluación de los puntos fuertes personales, que los lectores han hecho al comienzo del libro. Shirley, una de las mujeres del grupo es tipo perro perdiguero ciento por ciento, si es que puede haber alguien así. ¿Cómo lo sé? No sólo por los puntos que sacó en la evaluación, sino por algo que ocurrió hace poco mientras estaba haciendo cola en un almacén.

A Shirley le pasa lo mismo que a mí, cualquier cola en la que nos pongamos, sea en el banco o en el supermercado, es siempre la más lenta. Sólo iba a comprar unas pocas cosas ese día, de manera que su hijo adolescente había optado por quedarse en el automóvil escuchando música.

Mientras esperaba pacientemente en la cola, Shirley le sonrió a la señora que estaba detrás de ella. Quizá sea esa ternura que trasmiten los perros perdigueros o algún reflejo especial en sus atentos oídos, pero parece que Dios ha puesto en ellos una señal que los identifica como sus «consejeros especiales». Las personas que están emocionalmente en conflicto parecen captar de inmediato esa señal y empiezan a hablar por más que estén en la cola del supermercado.

La mujer que estaba detrás de Shirley captó el gesto de sonrisa y empezó a volcar su corazón. Esa señora, totalmente desconocida, empezó a contarle que su esposo la había dejado poco tiempo atrás a pesar de que ella le había suplicado que no lo hiciera. El la agredía verbalmente tanto a ella como a los niños, pero aun así quería que volviera.

Siguió con el relato de sus enormes sufrimientos, de la destrucción de su matrimonio, la pérdida del trabajo, la gripe de su hijo, razón por la cual había salido a comprar remedios. Parecía que se le habían juntado todos los problemas.

Llegó el turno de Shirley para pagar, pero antes de eso le pidió el nombre a la señora y le prometió orar por ella. Cargando las mercaderías se dirigió al automóvil, las colocó en el asiento trasero y se sentó al volante.

«¿Qué hiciste que te demoraste tanto?», le preguntó inocentemente su hijo.

Emocionada, Shirley lo miró y rompió a llorar.

Su hijo quedó impresionado por su reacción. «Mamá, ¿qué pasó allí adentro?», le preguntó.

En medio de sollozos, le contó la historia de la mujer, sacando un pañuelo para secarse las lágrimas. Cuando finalmente terminó y se secó los ojos, su hijo sacudió la cabeza y le dijo: «Mamá, *vuelve a la realidad*».

No todos los perros perdigueros son tan sensibles como para andar llorando, pero todos sienten como en carne propia el dolor de los demás. Dios les ha dado una sensibilidad extraordinaria.

Un buen amigo nos relató lo que es una anécdota clásica y propia de las personas tipo perro perdiguero. Juanita es una de las personas más afectuosas y tiernas que hemos conocido y no es de sorprenderse que la gente se aproveche de su disposición para ayudar. Varios años atrás escuchó pacientemente a una vecina relatarle su triste experiencia de haber tenido que dejar su hogar en Iowa para mudarse a Arizona, con un esposo que no la amaba. De todas las cosas a las que tenía que renunciar al mudarse, la que más lamentaba era su piano.

Mientras le explicaba cuánto significaba ese piano para ella, Juanita se sintió sumamente emocionada y se le ocurrió una idea. Ella no estaba usando el piano que tenía, ¿por qué no dejar que esa pobre vecina lo llevara en préstamo? Quizá la música le ayudaría a aliviar algunos de los problemas que tenía que enfrentar.

¡Juanita no sólo le prestó el piano, sino que ayudó a la otra mujer a empujarlo calle abajo hasta su casa! El pequeño sacrificio de renunciar a su piano por unas semanas no le dolería demasiado. Y en cambio esperaba que fuera de mucha ayuda para su vecina.

Pasaron varias semanas y Juanita no tenía noticias de su amiga. De modo que decidió que era tiempo de verla y se dirigió hacia su casa o más bien a lo que *había sido* su casa.

En el breve lapso desde que Juanita le había prestado el piano, esa mujer se había divorciado y había regresado a Iowa. ¡Y con ella había ido el piano que el padre le había regalado a Juanita al cumplir los trece años! (Finalmente recuperó el piano, pero con una pata rota.)

No es probable que todos los perros perdigueros se desprendan así de su piano, pero seguro que se sacan hasta la camisa para dársela a alguien si la necesita.

Con el pasar de los años he aprendido (Gary) a aceptar como algo absolutamente veraz cada vez que Norma me dice: «Ay, ay, Greg está sufriendo mucho». O: «Es evidente que Kari ha tenido un día difícil en la escuela». Quizá los haya visto un momento antes y me haya parecido que estaban espléndidos. Pero es seguro que mi sensible esposa pudo captar la pena oculta en nuestros hijos.

Debemos señalar aquí mismo que esta sensibilidad va en dos direcciones. *La misma compasión que los hace sensibles al dolor de los otros puede ocasionarles mucho sufrimiento a ellos mismos.*

Si tiene hijos tipo perro perdiguero, se mostrarán tan sensibles que hasta se comportarán paternal o maternalmente con usted si se lo permite. Pero no debe permitir que carguen sobre sus hombros todo el peso de los problemas familiares.

No hay que rodear a los perros perdigueros de una coraza, pero una actitud afectuosa hacia ellos implica reconocer que pueden ser heridos más fácilmente que otras personas. Palabras que no harían más impacto que una piedrecita en la piel del león pueden tener el efecto de un peso de varios kilos sobre el ánimo de un perro perdiguero. Una manera de respetarlos es reconocer su profunda tendencia a preocuparse por los demás, a la vez que a sentirse heridos.

Lealtad, relaciones profundas, un sincero deseo de complacer a otros y una enorme sensibilidad constituyen una clara lista de cualidades tiernas del amor. Todavía hay más respecto a ese valioso miembro del zoológico familiar.

5. Los perdigueros responden a la definición de *adaptables*

Daniel tenía la puntuación más alta en la escala del león y según la clásica tendencia de atracción de los términos opuestos, se casó con Dorita, una persona tipo perro perdiguero de pura cepa.

Con el correr de los años, Dorita se volvió experta en adaptabilidad. Una vez tras otra él entraba anunciando: «Muy bien, escuchen todos. Nos vamos de paseo este fin de semana y salimos ahora mismo». Mientras todos los muchachos aplaudían llenos de entusiasmo, Dorita tenía que ponerse a correr para empacar todo lo necesario para un fin de semana imprevisto.

También había muchas ocasiones en que Daniel tenía un día libre en su trabajo de construcción o una semana o más entre un trabajo y otro. A menudo, cuando esto sucedía, al volver Dorita del trabajo descubría que su esposo se había vuelto a aburrir y estaba otra vez emprendiendo alguna reparación en la casa.

Al entrar se encontraba con que había quitado una pared de alguno de los dormitorios para hacer un armario empotrado o que la cocina estaba en medio de una nueva reparación. «Ay, Daniel», decía al tiempo que empezaba a pensar cómo adaptarse a una casa en construcción durante varias semanas.

En el verano, siempre tenía que adaptarse al programa de su esposo. Con el agobiante calor de Texas, Daniel partía hacia las obras a las cuatro de la mañana y pretendía estar acostado a las cuatro de la tarde. Eso significaba que el desayuno tenía que estar listo a las 3:30 de la madrugada y por la tarde había que mantener a los niños en silencio mientras él dormía.

La adaptabilidad de Dorita era un punto fuerte que le permitía mantener cierta armonía en el hogar. Pero sabemos que en algunas personas, esta cualidad propia de los perros perdigueros puede convertirse en una terrible debilidad.

En los capítulos que siguen, al desarrollar los aspectos más severos del amor, mencionaremos un concepto que está captando la atención en nuestro tiempo, llamado «codependencia».[3] Dicho en pocas palabras, esta expresión se refiere a las personas que protegen a otros, pero en el sentido no saludable del término. Son esas esposas que «protegen» a su esposo alcohólico mintiéndole al jefe acerca del motivo de su ausencia al trabajo; o ese esposo que permite a su madre mantener el dominio tiránico sobre su nuera y toda la familia, porque no se atreve a enfrentarla con firmeza.

Si usted es un perro perdiguero que ha llevado al extremo su condición de adaptabilidad está corriendo el riesgo de un grave y doloroso problema. Por eso lo alentamos a que aprenda a brindar los *dos* lados del amor a las personas que integran su familia.

Hasta aquí hemos considerado cinco características de un perro perdiguero. Pero tienen dos rasgos más que parecen excepciones a su marcada tendencia al amor tierno. La primera de estas características que vamos a considerar es que, si bien evidencian ser muy adaptables, lo son a un costo personal muy grande.

6. Los perros perdigueros a menudo reaccionan mal a los cambios repentinos

Si en su familia hay alguien con marcadas características de perro perdiguero permítanos darle una pauta que le posibilitará, más que ninguna otra cosa, fortalecer su relación con esa persona. Esa pauta es: «Prepárela para el cambio».

Los leones y las nutrias se benefician con el cambio. Se impacientan por cambiar las cosas, aunque sólo sea para imprimirles su sello personal. Por eso es que en un restaurante estas personas encuentran tan difícil pedir siguiendo el menú. Quieren tener la posibilidad de hacer toda clase de cambios y sustituciones. ¡Vuelven loca a la camarera, sobre todo si es una persona del tipo castor!

Los leones y las nutrias no sólo modifican la selección del menú; son capaces de hacer cambios fundamentales sin ningún previo aviso, como por ejemplo, llegar a casa y anunciar: «¿Adivina a dónde nos mudaremos, querida?» O bien: «¿Sabes qué trabajo tomé hoy?» Y cuando esto lo hacen a la personalidad con la que tienden normalmente a formar pareja, es decir, a los perros perdigueros, puede suceder algo inesperado:

Que el cónyuge les muestre los dientes y les haga escuchar un feroz gruñido.

Cuando no se cuenta con ellos para una decisión, los perros perdigueros se sienten muy heridos y encuentran que su sentido de justicia ha sido defraudado. También sienten que se está aprovechando de ellos, si tienen que seguir adelante con algo en lo que no han participado. Normalmente se adaptan, a causa de su fuerte sentido de lealtad, pero será a un alto precio emocional.

Unas páginas más atrás mencionamos la gratitud que sentimos hacia Terry Brown, nuestro colaborador en el ministerio. Todos los meses Terry viaja al lugar de nuestros seminarios, con estas dos nutrias consumadas que somos. Y todos los meses se merece una medalla por soportar nuestra natural tendencia, a modificarlo todo.

Finalmente Terry, hace varios meses, alcanzó el punto de saturación. Había soportado la forma en que convencemos a todas las camareras para hacer un pedido especial en el menú, hasta con el tipo de tostadas. No se había quejado cuando cambiamos inesperadamente la compañía de alquiler de automóviles apenas llegamos a la ciudad, a pesar de que se había tomado el trabajo de reservar un vehículo. En realidad, tampoco le importaba mucho nuestro hábito de cambiar de hotel con la misma frecuencia con que la gente se cambia los calcetines. Pero finalmente lo cansamos cuando llegamos al salón del seminario con una hora de anticipación y empezamos a cambiar la ubicación y disposición de la mesa de los libros.

Para nosotros no se trataba más que de la diversión de modificar algo. Pero para Terry, que había pasado horas pensando en la mejor ubicación y la mejor manera de distribuir los materiales y luego había tomado tiempo para disponerlos, el asunto se tornó una afrenta personal. Nosotros no habíamos advertido el problema hasta que cerramos su espíritu tan firmemente y nos dimos cuenta de que necesitábamos una conversación a fondo con él.

Terry había hecho lo mejor de su parte por soportar todos los cambios imprevistos, pero en realidad nuestro entusiasmo por modificarlo todo lo estaba molestando. Cuando finalmente pudimos percibir el mensaje negativo que le comunicaba nuestra actitud de cambiar la mesa de los libros una hora antes del seminario, dimos marcha atrás y le pedimos perdón.

Esta simple pauta: «Prepare a los perros perdigueros para el cambio» se transformó en nuestra meta y nos llevó a implementar importantes cambios. Si usted ahora viajara con nosotros a un seminario se daría cuenta de que no cambiamos el automóvil alquilado sin anticipárselo a Terry. También hemos aprendido a decir: «Fíjate en esta idea que cambia totalmente la estructura del seminario, pero es para dentro de dos años. ¿Qué piensas al respecto, Terry?» Y hemos aprendido a quedarnos más de una noche en el mismo hotel.

¿Hemos dejado de considerar un menú como punto inicial de negociaciones? ¡Bueno, nadie es perfecto! Pero al menos Terry sabe que tratamos de respetarlo advirtiéndole de los cambios que vamos a introducir y eso ha contribuido enormemente a consolidar nuestras relaciones, que ya eran muy sólidas.

¿Tiene usted un hijo o una hija del tipo perro perdiguero, que necesita más tiempo para pensar detenidamente en una decisión importante de la familia o en una mudanza? O tal vez tenga un cónyuge que en vez de escuchar: «¿Adivina adónde vamos esta noche?» preferiría que le digan: «Me gustaría que saliéramos mañana, ¿qué te parece?»

Los perros perdigueros son muy propensos a que se saque provecho de ellos. Su capacidad de amar profundamente los hace vulnerables a que alguien explote las cualidades de su personalidad. Pero no quiero decir que sean débiles.

7. Los perdigueros se aferran a lo que consideran correcto

A pesar de todo lo dicho hasta aquí no crea que los perros perdigueros son débiles. Es cierto que tienen actitudes más tiernas que el promedio de los leones, pero muchos de ellos poseen mucha fortaleza y valor.

Consideremos por ejemplo a un hombre llamado Alvin York, de las montañas de Tennessee, quien llegó a la mayoría de edad cuando la Primera Guerra Mundial asolaba a Europa. Llegó a conocer personalmente a Cristo de una manera dramática, después que fue alcanzado por un rayo. En consecuencia dio completamente la espalda a su manera libertina y rebelde de vivir y asumió un sólido compromiso con Jesucristo. La guerra continuó y este recién transformado perro perdiguero se alistó en el servicio militar.

York tenía una puntería fantástica. Se había hecho famoso en una región de tiradores, por ganarse todos los torneos de tiro. Había peleado y bebido con los peores maleantes cuando no era creyente y había estado a punto de matar a un tipo que lo había estafado en un negocio.

No tenía ni un ápice de cobarde y no tenía miedo de ir a la guerra. Pero ahora que seguía las enseñanzas de la Biblia, lo que lo hacía detenerse era el temor a Dios.

No cabía duda de que había versículos en la Biblia que le decían que era incorrecto matar y tenía que entenderlos bien antes de comprometerse cabalmente con el ejército.

Habiéndose presentado en el cuartel, pronto alcanzó el grado de cabo. Pero luchaba tanto con su conciencia que el oficial, con quien estaba bajo sus órdenes, lo mandó de vuelta a su casa a orar por un tiempo y adoptar una decisión. Si volvía decidido a solicitarla, se le otorgaría la excepción por motivos de conciencia. Pero si regresaba seguro, en cuanto a sus interrogantes, podía reunirse con su batallón que estaba a la espera de cruzar el océano.

Los perros perdigueros están dispuestos a seguir hasta el final a un líder al que respetan. Pero no trate de presionarlos porque no se moverán ni un centímetro. Su jefe advertía que ese hombre necesitaba tiempo para pensar y no un empujón. La decisión de enviar al nuevo recluta de vuelta a su casa probó ser la mejor.

Alvin York volvió de Tennessee convencido en alma y mente de que debía sumarse a los que defendían a su país. Y armado con esa convicción no hubo nada que lo detuviera. De hecho el 8 de octubre de 1918 realizó en las trincheras de Francia algo totalmente inesperado en la lucha moderna.

Se le había asignado a York una patrulla pequeña, con la que debía reconocer una línea de puestos de ametralladoras alemanas. Sin embargo, los enemigos descubrieron su avance y descargaron fuego con armas pequeñas y ametralladoras logrando emboscar a York y a sus hombres. Arriesgando su seguridad personal, York se arrastró bajo la línea de fuego hasta alcanzar una posición ventajosa, desde la que disparó una y otra vez sobre el enemigo.

Con su pericia, para dar en el blanco, mató a veinticinco alemanes mientras avanzaba por las trincheras de una ametralladora a la otra. Finalmente, el último grupo de soldados alemanes levantó los brazos en alto, rindiéndose.

En el grupo capturado había un comandante y York lo obligó a que ordenara la rendición de todos sus hombres. Con casi treinta prisioneros, York comenzó el regreso hacia las líneas aliadas.

Por el camino, otros soldados alemanes vieron pasar las tropas que marchaban bajo la custodia de un solo soldado americano. Al ver que un solo hombre conducía tanta tropa rendida pensaron que la rendición había sido total y ellos también se rindieron masivamente al cabo York.

Cuando este montañés oriundo de Tennessee llegó al cuartel general de sus jefes llevaba 132 prisioneros en custodia. En el camino, sólo había reclutado a tres soldados más para mantenerlos en línea.

El cabo Alvin C. York fue ascendido al grado de sargento y recibió la medalla del Congreso al Honor, por el valor mostrado en esa ocasión. El general francés, Ferdinand Foch, dijo de York: «La valentía y el valor del cabo York no han sido superados por ningún soldado de todos los ejércitos de Europa».[4]

Si usted quisiera revivir esta historia y conocer más acerca del invencible valor de un perro perdiguero, le recomendamos que vea el video llamado «Sargento York», con Gary Cooper como protagonista. Cooper desempeña un papel que merece un Oscar por la personificación de un auténtico héroe cristiano. Es una de las pocas películas producidas por Hollywood que vale la pena ver. Otra de ese nivel es *Carros de fuego*, que relata la historia del perdiguero Eric Liddell.

No hay quien se aferre más a lo que considera correcto que un perro perdiguero. A menudo son los que sacrifican la vida por sus convicciones.

Hemos observado siete cualidades excelentes que captan algo de lo que manifiestan los perdigueros a sus semejantes. Cada una de estas constituye un aporte valioso en lo que respecta a la amistad, la familia y las situaciones en el trabajo.

El ejemplo perfecto

Hasta aquí hemos considerado a los cuatro animales del zoológico familiar y hemos visto que se unen por pares cuando se trata de inclinarse hacia el lado tierno o el lado severo del amor. Los leones y los castores son fuertes frente a los problemas, pero también tienden a ser agresivos con las personas. Las nutrias y los perros perdigueros son suaves con las personas, pero a menudo son también tiernos frente a los problemas que tienen que enfrentar.

¿Hay alguna forma de tomar lo mejor de cada una de estas personalidades y combinarla en una sola? La *hay* para quienes buscan moldear su vida según el ejemplo del Salvador.

Jesucristo tenía todas las cualidades del león. Era decidido y era un líder. Como León de Judá enfrentó hasta las pruebas más difíciles. Pero también tenía las cualidades de un castor; hacía las cosas correctamente, como estaba escrito, y con tal eficacia que sus obras y sus palabras perduran para siempre.

Más aún, Jesús tenía las cualidades de una nutria. Le encantaban los festejos (el primer lugar al que llevó a sus discípulos fue a una boda) y disfrutaba motivando a las personas a ser santas. Se sentía cómodo con las multitudes e iniciando contacto con desconocidos. Pero también tenía las cualidades de un perro perdiguero buscando siempre profundizar la relación con sus discípulos y seguidores. Fue fiel a sus promesas y leal hasta morir en la cruz.

¿Sólo Cristo puede mostrar este equilibrio entre las dos tendencias del amor? ¿Qué diremos de los que tenemos los pies de barro?

En los próximos cuatro capítulos vamos a descubrir la manera de desarrollar el equilibrio en nuestro amor hacia los demás. En primer lugar vamos a considerar diez formas en que las personas severas pueden agregar ternura a su vida. Luego vamos a analizar algo todavía más difícil, que es diez formas en que las personas tiernas pueden agregar una saludable severidad a su amor.

No podemos ser Jesús, pero sí se nos llama a ser semejantes a él. *Al descubrir cómo amaba Jesús a los demás podemos acercarnos más a él y a nuestros seres queridos.*

¿Está preparado para ver cómo se profundiza y fortalece su amor por los demás como nunca antes? Eso es lo que va a ocurrir cuando descubra varias reglas prácticas para que su lealtad, su afecto e intimidad con sus seres queridos sean cada vez más profundos.

CAPÍTULO OCHO

Cómo agregar ternura al amor, Parte I

POCAS cosas dañan tanto a una familia, como el hecho de que las tendencias naturales de uno de sus miembros se manifiesten de manera exagerada. Nos asombra ver cómo un solo hecho demasiado severo puede debilitar instantáneamente los lazos que mantienen unida a una familia. Eso fue lo que presenció la mía (Gary), de manera dramática, hace varios años.

Era la época del verano del año 1982. Norma y yo habíamos cargado chicos, carpas y trajes de baño rumbo a uno de los lagos en la zona de Chicago. Nos acompañaban unos amigos de la iglesia, Carlos y Patricia, con sus tres hijos que eran de la misma edad de nuestros hijos.

Armamos las carpas en una elevación cubierta de césped, a pocos metros del lago, desde donde se contemplaba la angosta playa arenosa. Apenas nos desayunamos esa primera mañana, nuestros hijos varones se pusieron de acuerdo con los hijos varones de nuestros amigos y partieron a explorar la playa. Los demás quedamos limpiando la vajilla y preparando las cosas para el almuerzo.

Todos bajamos a la playa, después de poner en orden el lugar de campamento, para tomar sol y nadar. El aire ya estaba cálido y húmedo cuando entré al agua, que estaba muy fría, y me preparé para practicar buceo.

Recuerdo que miré hacia donde estaban nuestras familias en la playa, antes de ajustarme la máscara. No podría haber habido nada más tranquilo y sereno que ese momento. Carlos, su esposa y su hija estaban extendiendo sus mantas en la arena. Junto a ellos, Norma y mi hija Kari ya estaban ubicadas aplicándose bronceador.

Cuando el mundo entero parecía estar en paz, tomé una gran bocanada de aire y me sumergí. Después de quedarme bajo el agua cuanto pude volví a la superficie, soplé el agua de mi máscara y nadé en círculo por algunos minutos. Observé cómo el agua se ponía cada vez más oscura a medida que me alejaba de la orilla, y disfruté contemplando las algas marinas que ondeaban allá abajo y los pececitos que cruzaban como saetas.

Cuando completé el círculo y regresé a la parte más baja me paré, retiré la máscara y me sequé el agua de los ojos. Fue entonces que volví a mirar hacia la playa y me encontré con una escena totalmente diferente a la que acababa de ver minutos antes.

Cuando me sumergí, la escena parecía una pintura de Norman Rockwell: tranquila, pacífica, serena. Ahora parecía un pandemónium.

Carlos y su hija de diez años estaban frente a frente,

a la orilla del agua, hablando a gritos. Luego la escena empeoró. Cuando estaban en el punto acalorado de la pelea verbal, porque la niña había rehusado hacer algo que su padre le ordenó, él le dio una bofetada que la mandó directo al agua.

La esposa de Carlos y Norma se pusieron muy nerviosas y le gritaban a Carlos mientras corrían a auxiliar a la niña. En un instante, un padre duro, en un arranque de ira había arruinado el fin de semana de todos nosotros, y peor aún, había dañado la relación con su hija.

El lado sombrío del amor severo

Hasta entonces, no había conocido a nadie que fuera tan severo con la gente y especialmente con su familia, como mi amigo Carlos. Pero lo que sucedió esa terrible mañana obligó a Carlos a agregar ternura a su vida. Como consecuencia del incidente que se produjo, Carlos no sólo pidió disculpas a todos, sino que tomó la sabia decisión de acudir a sesiones de asesoramiento.

Durante varios años participó en grupos pequeños de apoyo, donde se ocupó de su pasado, que abarcaba el abandono de sus padres y el maltrato de la familia que lo crió. Le llevó tiempo pues tuvo que llorar avergonzado y enfrentarse dolorosamente con la verdad, hasta que finalmente pudo considerar su ira actual, como un problema propio y no como algo que bastaba justificar culpando a sus padres y a su pasado.

Carlos pudo empezar a cambiar después del doloroso proceso de enfrentar la verdad. El hecho es que se ha transformado tanto que ha aprendido a comunicar hasta las cosas más severas a su hija usando el lado tierno del amor.

Hasta los más severos pueden aprender

Aquel día en el lago, Carlos le había pegado a su hija por contestarle y no seguir sus consejos. Siete años después volvió a sentarse para discutir con ella algo tan serio y explosivo como aquello.

A los diecisiete años, como la mayoría de las jovencitas, su hija quería salir con muchachos. Un compañero del colegio había estado conversando mucho con ella y estaba interesado en invitarla a salir. Sin embargo, no sólo era inconverso sino que se había ganado fama de ser uno de los muchachos más turbulentos del colegio.

Años atrás, Carlos se hubiera opuesto con sólo oír que su hija mencionara la posibilidad de salir con ese muchacho. Pero había aprendido mucho durante los últimos siete años. Había descubierto que si sólo cultivamos un lado del amor, no es suficiente para mantener una relación y mucho menos que esta crezca. Y lo que es más, sabía que es más factible modificar a las personas agregando suavidad al amor que echando mano a la ira.

Con esa perspectiva, Carlos invitó a salir una noche a su hija (lo cual ahora hacen regularmente). Después de cenar, hizo algo que volvió a provocar lágrimas en ella, pero esta vez muy distintas. En este encuentro, en lugar de palabras airadas, usó una descripción vívida tierna para comunicarle su preocupación. (Como señalamos en nuestro libro *El irresistible lenguaje del amor*,[1] las descripciones vívidas emocionales son la mejor herramienta que conocemos para llevar palabras tiernas o severas directamente al corazón de los demás.)

Carlos le dijo que ella era como una joya preciosa para él, y tal como se haría con una gema valiosa, él y su madre estaban tratando de ayudarle a que se guardara para el día de su casamiento. Continuó explicándole que oraba todos los días pidiéndole a Dios que enviara el muchacho adecuado con quien ella pudiera salir, que fuera un joven que percibiera el tesoro que había en ella y que no hiciera nada por dañar esa joya.

Se aseguró de que su hija entendiera que no estaba oponiéndose a que saliera con muchachos. Le recordó los rasgos de carácter en los que habían estado de acuerdo que ella debía mostrar antes de que comenzara a salir con muchachos. Luego le indicó que esas cualidades estaban presentes en ella y que era libre de salir con un muchacho.

Lo que le preocupaba no era ella, sino la personalidad del muchacho que la estaba invitando. Dejarla salir con él sería como entregar su preciosa joya a alguien que la podría dañar.

Cuando su papá terminó, ella se sintió tan conmovida por la descripción de su amor y pudo entender tan claramente sus razones que ni siquiera discutió. Estuvo de acuerdo en que ese muchacho no era el tipo de joven con el que quería salir, ¡y terminó teniendo con su papá una significativa conversación acerca del Señor!

Carlos sigue siendo perfeccionista, severo en la disciplina y duro con los problemas. Sin embargo, a esa tendencia natural aprendió a agregarle el lado tierno del amor, tanto en su relación con su hija como con otros. Puede defender su punto de vista sin levantar la voz ni sacudir el dedo índice delante del rostro de las personas.

El secreto de ser tiernos

Nunca es demasiado tarde, ni para las personas tan severas como Carlos, para que aprendan el secreto de la ternura. No es necesario que haya nacido con un espíritu suave para poder demostrar ternura.

Como señalamos en el capítulo dos, ninguno de nosotros dos somos tiernos por naturaleza, pero hemos aprendido a mostrar ternura. En el proceso de desarrollar nuestro lado suave y al aconsejar a otros hemos aprendido diez métodos que, si se practican, pueden ayudar a la gente a agregar a su vida una suavidad semejante a la de Cristo. Al combinar los métodos, se van limando las asperezas de las personalidades severas y nos vamos acercando mutuamente.

Si sacó una puntuación alta en la escala de león o de castor encontrará que los dos próximos capítulos le serán de mucha utilidad. La fuerza y el incentivo que demuestran muchos leones, lo mismo que la reserva emocional y la voluntad de hacer todo según las reglas que tienen los castores son en sí cualidades positivas. Sin embargo, muchas veces proyectan dureza sobre las otras especies del zoológico familiar.

Por eso es muy importante entender cómo se armonizan las dos caras del amor, si realmente queremos comunicar nuestro afecto a los demás. Con esto en la mente debemos aprender las siguientes pautas, para agregarle una saludable ternura a nuestra vida.

1. Enfrente esos «aislamientos emocionales» del pasado

Vez tras vez hemos comprobado, cuando damos orientación, que hay cosas del pasado que contribuyen enormemente a desarmonizar las relaciones presentes. Cuando llegamos al fondo de ciertos problemas encontramos que la libre expresión afectiva equilibrada de una persona está bloqueada por lo que nosotros llamamos un aislamiento emocional del pasado.

Los aislamientos emocionales del pasado reflejan un solo acontecimiento o una época que aísla a la persona y la conduce a que brinde una sola cara del amor. Consideremos, por ejemplo, lo que sucedió con Bárbara.

Un día se encontraba su padre, Jaime, sentado a su escritorio. Ya era tarde, hora de regresar a su casa. Pero no era eso lo que él tenía en la mente cuando tomó el teléfono con una mano levemente temblorosa.

La llamada duró menos de dos minutos. Todo lo que le llevó fue marcar siete números decir unas pocas palabras bien elegidas y listo, había logrado lo que quería. Al colgar suspiró aliviado y tomó su abrigo.

En su mente no había hecho más que dar vuelta a la página de una pesadilla que había soportado demasiado tiempo. Pero del otro lado de la línea fue como si se acabara de accionar una bomba de tiempo.

Bárbara estaba comenzando a preparar la mesa para el festejo del aniversario que tendrían esa noche. Retiró la linda vajilla de plata del aparador y empezó a lustrar cada pieza en la mesa del comedor. Mientras ocupaba las manos dejó volar sus recuerdos hacia las muchas imágenes que conservaba del pasado.

El padre de Bárbara nunca la había agredido físicamente. Pero en algún sentido, sus palabras hirientes y sus críticas la habían dañado tanto como cualquier golpe que hubiese podido asestarle.

Bárbara sacudió la cabeza para despejar de su mente todas las imágenes y emociones negativas que habían inundado sus pensamientos. No era el día indicado para empezar a desenterrar recuerdos dolorosos. A pesar de todos sus problemas, su papá y su mamá habían logrado mantenerse juntos durante veinticinco años.

¡Festejaban sus bodas de plata! Ya estaban por llegar algunos amigos y miembros de la familia que iban a compartir un festejo sencillo pero cuidadosamente preparado. Cuando colocó el último de los adornos sonrió. *Al menos*, pensó, *se han mantenido juntos*.

Ese solo hecho positivo siempre fue un estímulo para ella. Esa determinación de preservar el matrimonio había sido como un ancla para ayudarla a sortear las tormentas emocionales que presenciaba a diario entre sus padres. No hubiera imaginado nunca que la frágil cadena que mantenía ese compromiso estaba a punto de romperse.

No era raro que el padre de Bárbara llamara desde el trabajo para decir que llegaría tarde. Más aún sabiendo que los invitados llegarían en cualquier momento, le pareció probable que fuese de él la llamada que iba a contestar su madre en ese momento. Lo que ella no sabía era que no se trataba de una llamada espontánea hecha por su padre al mirar de pronto el reloj. En realidad había estado planeando durante meses qué iba a decir y en qué momento iba a llamar.

Bárbara no alcanzó a oír la conversación en la habitación contigua, pero pronto pudo advertir que estaba ocurriendo una tragedia. Después de unos instantes de pesado silencio y de frases inconexas, su madre finalmente suspiró hondo y se desplomó en una silla junto al teléfono. Le corrían las lágrimas por las mejillas.

«¿Qué ocurre, mamá? ¿Qué ha pasado?», exclamó Bárbara corriendo desde la sala. Como no obtuvo respuesta habló más fuerte aún. «¡Dime qué sucede!»

Arrebatando el auricular, que ahora colgaba de la mano de su madre, gritó en el teléfono: «¿Quién es? ¿Qué pasa?» La única respuesta que recibió fue el sonido impersonal e irritante del tono de marcar.

«Mamá», dijo tomándola de los brazos. «¿Qué pasó?»

«Era tu padre», le dijo su mamá en una voz que era apenas un susurro. «No va a estar en la fiesta. No volverá a casa... jamás».

«¿Por qué, mamá?», preguntó tratando de encontrar alguna explicación lógica a lo ocurrido.

«Me deja por otra mujer», respondió la madre de Bárbara con una mirada que reflejaba mucho dolor. «Quería esperar hasta hoy para decírmelo».

En sus dieciocho años Bárbara jamás había visto a su madre perder el control de sí misma. Pero esa noche, al levantarse de la silla para ir hacia su habitación, se detuvo frente a la mesa del comedor vistosamente decorada para el festejo.

De un solo golpe hizo volar el hermoso centro de mesa, un enorme florero de cristal lleno de agua, con veinticinco delicadas rosas. Asustada de sí misma y sobrecogida de emoción corrió llorando hacia su dormitorio y dio un portazo tras de sí.

Ese florero hecho añicos era la imagen exacta del mundo de Bárbara. Cada vez que sonó el timbre de la puerta esa noche tuvo que revivir y relatar nuevamente la dolorosa llamada de su padre, a cada uno de los consternados invitados. En los días subsiguientes, el corazón se le hizo pedazos contemplando cómo su madre enfrentaba un divorcio desagradable e indeseado.

¿Este es el final de la historia? Ojalá hubiera terminado allí. Pero una nueva tragedia se sumaba a la anterior.

Cuando Bárbara nos contaba lo que su padre había hecho lo hacía mirando hacia el pasado. En lugar de dieciocho años ya tenía treinta y cuatro estaba casada y tenía una prometedora carrera.

En una reunión de mujeres de negocio cristianas donde estaba (John) enseñando los conceptos que desarrollamos en este libro, Bárbara se me acercó con lágrimas en los ojos. «Mientras usted hablaba, me he dado cuenta de algo importante», dijo. «La misma noche que mi padre llamó a casa para decir que se iba, tomé una decisión importante. Me encontraba en la puerta del dormitorio de mi madre mirando cómo lloraba y cómo su mundo se hacía pedazos, cuando me dije: *Nunca, nunca, voy a permitir que alguien me trate como mi padre lo ha hecho con mi madre*. Pero lo que en realidad estaba diciendo es que *nunca sería tierna como mi mamá*. Nunca dejaría que se me acercaran tanto y me lastimaran como lo habían hecho con ella».

Lo trágico es que Bárbara llevó a cabo esa decisión, de aislar totalmente el lado tierno del amor y lo hizo con una eficacia aterradora. Llorando me dijo: «Ahora, después de ocho años de casada, ¡mi esposo acaba de dejarme! Ahora entiendo por qué. El me ha dicho cientos de veces que soy demasiado severa con él. Pero después de lo que pasó con mi madre, nunca podría ser tierna con ningún ser querido».

Esa es apenas, una de las centenares de historias que podríamos relatar acerca de recuerdos traumáticos en la vida de un hijo, que separan un lado del amor de una persona. Hemos visto aislamientos emocionales causados por un divorcio, por la pérdida de un ser querido, por el maltrato físico, por una mudanza a otro lugar, por el fracaso profesional o por alguna otra situación en particular que terminó aislando un lado del amor.

Pero los aislamientos emocionales no siempre se pueden explicar haciendo referencia a un solo acontecimiento en particular. En el caso de Carlos, que relatamos al comienzo de este capítulo, fue una serie de tragedias las que anularon su capacidad de amar con ternura.

La mamá de Carlos los había dejado a él y a su hermano en un orfanato cuando tenía cinco años de edad, porque «simplemente no podía soportar la tensión» que significaba criarlos. Tanto en el orfanato como en sucesivas casas de crianza fue maltratado tanto, que prefería no recordarlo. El abandono de su madre y el maltrato que recibió dejaron en su vida una ira no resuelta que iba endureciendo su corazón, cada vez más, sofocando su capacidad de dar o recibir ternura.

Si se siente perturbado porque sólo puede dar un lado del amor a los demás y especialmente si le cuesta dar ternura comience por dar unos pasos atrás y revisar cuidadosamente su pasado. Como una ayuda formúlese preguntas como éstas:

- ¿Existía equilibrio entre los lados severos y tiernos del amor en su hogar? Si no lo había, ¿hacia qué lado se inclinaba la balanza?
- ¿Tiene conocimiento de algún hecho o serie de hechos en la vida de sus padres que les causaban dificultades para darle los dos lados del amor?
- ¿Se ve a sí mismo dando a sus hijos el mismo tipo de amor que recibió de sus padres? ¿Eso le complace o le preocupa?
- ¿Puede recordar alguna ocasión particular en la que

haya decidido en lo profundo de su corazón que no sería severo o tierno con los demás? ¿Qué motivó esa decisión?

- ¿Qué imagen de Dios se trasmitía en su hogar cuando era niño? ¿Recibió una imagen armoniosa o era sólo un Dios bueno y misericordioso o solamente el Dios severo del juicio? ¿En qué forma ha afectado esa imagen de Dios el concepto que ahora tiene de él?

Quizá ya puede identificar, como lo hicieron tanto Bárbara como Carlos, una situación o época en particular que lo llevaron a tomar la decisión íntima de aislar uno de los lados del amor. Si siente ese aislamiento en su vida necesita remontarse a su pasado.

Enfrentar honestamente ese pasado es el primer paso para resolver el aislamiento emocional. Si el conflicto que actualmente vive, por tratar de amar cabalmente a los demás, proviene de una reacción a su pasado hay una serie de recursos que pueden ayudarlo a profundizar y conseguir la libertad que anhela. Tome el tiempo necesario, para anotar algunos de esos recursos de la sección de notas, al final del libro.[2] Además, puede poner en práctica las nueve pautas que restan, para agregar ternura a su vida.

2. Admita que ciertas inclinaciones de la personalidad pueden levantar barreras que aíslan la ternura

Uno de los anhelos más profundos que escuchamos de las mujeres en distintos lugares es el de tener más intimidad en el matrimonio. Añoran un vínculo íntimo con su cónyuge y especialmente el de compartir las emociones, las necesidades, las heridas, los anhelos.

Sin embargo, puede haber una barrera natural del lado tierno del amor, que surge de las distintas maneras en que las cuatro personalidades básicas conciben la distancia y la intimidad.

Los leones y los castores (especialmente los que tienen puntuación alta en su escala respectiva) comparten algunas características. Por ejemplo, a ambos les gusta completar una tarea y que se haga bien. En muchos casos, también se sienten más cómodos a la distancia que en la intimidad. ¿Qué queremos decir con eso?

Los leones tienden a mantener la distancia en sus relaciones por varias razones. En algunos, esa tendencia nace de un disgusto profundo, hasta temor, de ser controlados. Los leones quieren mantener el dominio de las situaciones. También saben que cuanto más comparten de sí mismos o cuanto más lugar dan a otros en una situación, tanto menos pueden determinar el curso de una conversación o de una decisión.

Mantenerse a distancia les da mucho poder en las relaciones. Una razón de ese poder es que la persona que parece menos comprometida es la que tiene las mejores cartas en el asunto. Piense en su época de estudiante de escuela secundaria y se hará una imagen de lo que quiero decir.

¿Recuerda a esa chica que era varios centímetros más alta que los muchachos pero de igual forma, les robaba el corazón? Quizá era su perfume o su nariz respingada. Pero por alguna razón, cuanto más difícil fuera llamar su atención, tanto más se esforzaban los muchachos por atraerla. El hecho de que ella se mantuviera fría, los tenía a todos tratando de conquistarla y gastando su dinero en tarjetas y obsequios que en realidad a ella no le gustaban.

Si a eso le agrega el deseo de poder que tienen los leones, su natural vigor interior y la ausencia de temor a los enfrentamientos, se podrá dar cuenta por qué parecen tan fuertes y majestuosos. Pero para los seres queridos que quieren acercarse a ellos aparecen aislados tras la cerca que los rodea, lejos de todo encuentro personal.

En síntesis, los leones a menudo se sienten cómodos manteniendo cierta distancia emocional, porque les da poder en el trato con los demás. Desafortunadamente, esta distancia a menudo puede parecer un abismo insuperable para aquellos que anhelan una relación íntima.

Los castores también pueden comunicar una gran distancia emocional, que puede trasmitir ausencia de compromiso y falta de cordialidad. Sin embargo, la distancia que buscan se vincula con su naturaleza reflexiva y su profundo deseo de hacer las cosas correctamente.

Su tendencia a ser críticos es, sin duda alguna, un punto fuerte. Pero si sus inclinaciones a la crítica son exageradas, fácilmente tienden a poner a las personas en situaciones difíciles y provocan su alejamiento con su actitud inquisitiva. Su precaución y reserva emocional dan una señal que expresa: «Estoy demasiado ocupado para conversar con usted ahora». O «No se acerque, necesito espacio».

Los castores se sienten aun más cómodos que los leones con la distancia en las relaciones. Una mujer llamada Sara nos dijo hace poco que después de más de veinte años de matrimonio estaba a punto de arrojar la toalla. Su esposo y ella habían llegado a un hábito de comunicación, que no pasaba de unas diez palabras por cada uno. No sólo añoraba más conversación, sino más de su esposo mismo.

Al hablar con Felipe, su esposo, supimos que no había otra mujer por medio ni que estaba absorbido por el trabajo. Simplemente era un castor consumado que *disfrutaba* de la distancia que había entre ellos. Le gustaba estar con su esposa, pero no demasiado cerca. A él le gustaban los largos períodos de silencio y se sentía amenazado por los esfuerzos que ella hacía por acercarse.

Todos necesitamos poner algo de distancia respecto a los demás. Pero los castores exagerados pueden comunicar, aunque no se lo propongan, cierta indiferencia como si no necesitaran de los otros y cierta severidad que, sin palabras, aleja a los demás.

Sin embargo, ¿con quién tienden a casarse los leones y los castores y qué tipo de hijos tienen? Correcto, con los tiernos perdigueros y con las nutrias. *Los perros perdigueros y las nutrias tienen un impulso tan fuerte de acercarse a los demás como los leones y los castores tienen de alejarse de ellos.*

Las nutrias pueden fácilmente compartir cosas íntimas, aun con personas que conocen superficialmente. Hay nutrias que pueden trabar amistad con un desconocido en un viaje de ascensor si suben más de tres pisos. Los perros perdigueros tienen aún más necesidad de un contacto íntimo con los demás. Por lo que a ellos respecta, una relación no es buena a menos que se profundice.

Lo que esto significa es que en muchos hogares hay una competencia entre los perros perdigueros y las nutrias, que avanzan todo lo que pueden anhelando esa intimidad con sus cónyuges y por el otro lado los leones y los castores que se alejan en cuanto los ven venir.

¿Qué tienen que ver la distancia y la intimidad con el desarrollo del lado tierno del amor? Si las personas no permiten que otros se les acerquen, física y emocionalmente, casi siempre fracasarán al tratar de comunicar el lado tierno del amor.

Son incontables los niños, ahora ya adultos, que añoraban que el padre se acercara más a ellos. Casi todas las semanas en nuestro trabajo de consejeros vemos a alguna esposa que ha tratado por años acercarse a su cónyuge y siempre ha encontrado resistencia.

No obstante, existe una manera de detener esta maniobra de acercarse y alejarse y de disminuir el abismo entre las personas. Debemos ayudarlas a ganar la intimidad que necesitan para cultivar una relación más fuerte. Lo primero que hay que hacer es evaluar la situación actual en cuanto al alejamiento o el acercamiento entre usted y los demás.

Dedique unos momentos para contestar las siguientes preguntas. Le ayudarán a percibir la distancia que guarda con los demás. Luego comparta los resultados con su cónyuge.

Smalley/Trent: Evaluación de la intimidad

Conteste las siguientes preguntas pensando en seres queridos en particular (por ej., su cónyuge, hijo, amigo íntimo, padre o madre). Llene los espacios en blanco con los números del 1 al 4, según esta tabla:

1 = nunca / 2 = rara vez / 3 = a menudo / 4 = siempre

Respecto de sus seres queridos...

- ¿Les da la libertad de hacerle preguntas sin ponerse a la defensiva? 3 (4)
- ¿Procura conocer sus verdaderos sentimientos, sin ponerlos en ridículo? 3 1
- ¿Expresa libremente sus emociones y pensamientos? 4 1
- ¿Conoce bien sus ideas y planes respecto del futuro? 2 4 4
- ¿Cuida sus modales a diario para no ofenderlos? 4 1
- ¿Planifica sus actividades del día para compartir tiempo con ellos? 3 1
- ¿Se entusiasma cuando ellos regresan de un viaje? 4 1
- ¿Les dice que los ama, con regularidad y sin condiciones? 4 1
- ¿Comparte con ellos sus problemas personales y sus triunfos? 3 4
- ¿Ríe con ellos? 4 2
- ¿Participa o respalda activamente sus *pasatiempos* o eventos deportivos? 4 1
- ¿Los besa y abraza? 1 2
- ¿Busca en primer término su opinión sobre asuntos familiares y le asigna valor? 4 4
- ¿Ora regularmente con ellos y por ellos? 4 2 1
- ¿Se mantiene arreglado/a en su aspecto personal? 4 4
- ¿Afirma su confianza siendo siempre sincero con ellos? 4 2
- ¿Les presta atención dejando a un lado sus papeles apagando el televisor o levantando la mirada de la olla? 3 1
- ¿Les permite que usen sus cosas? 4 1
- ¿Les sonríe regularmente? 4 3 2
- ¿Busca en seguida su perdón cuando los ha ofendido? 4 1

155

- ¿Asisten juntos regularmente a la iglesia? ___
- ¿Guarda los secretos que le han confiado? ___
- ¿Cumple sus promesas? ___
- ¿Muestra un sincero interés por sus amigos y parientes? ___
- ¿Les demuestra entusiasmo y estímulo? ___
- ¿Hace un genuino esfuerzo por ser puntual? ___
- ¿Cuida el tono de su voz? ___
- ¿Comparte equitativamente las tareas hogareñas? ___
- ¿Respeta sus cosas personales? ___
- ¿Evita los apodos denigrantes? ___

La puntuación más alta de la evaluación es 120, la menor es 30. Si se encuentra en el tercio superior de la escala (90-120) puede estar bastante seguro de que sus seres queridos perciben su lealtad e intimidad. Si anda por el medio debe preguntarse hasta qué punto lo sentirán cerca. En cambio, nuestra experiencia en asesoramiento nos indica que si la puntuación es baja (45 ó menos) *esa independencia que guarda respecto a los otros probablemente sea percibida por ellos como un distanciamiento no saludable.*

Por favor entienda que hay un grado de distanciamiento emocional saludable. Hay algunas familias donde apenas uno estornuda todos corren a buscarle un pañuelo. Las personas necesitan suficiente independencia como para pararse sobre sus propios pies. Pero en el matrimonio y como padres necesitamos estar lo suficientemente cerca, física y emocionalmente, como para comunicar ternura y amor.

¿Cuál es la respuesta a la falta de intimidad en nuestras relaciones? ¿Será suficiente decir: «¡Así soy yo! No puedo acercarme a otras personas. Mis padres no me dieron intimidad, y ni mis abuelos ni mis bisabuelos eran comunicativos»?

No podemos conformarnos con eso si realmente queremos dar a otros las dos caras del amor que necesitan y si queremos reflejar el amor de Dios.

Sabemos que puede ser muy difícil renunciar a la cómoda protección que ofrece la distancia emocional. Puede darnos temor acercarnos a otros, especialmente si alguien nos ha herido en el pasado. Pero mantenernos a una distancia segura puede fácilmente convertirse en una actitud egoísta que nos permite vivir nuestra vida sin establecer los vínculos significativos que añoran tanto los miembros de nuestra familia como nuestros amigos.

Si ha descubierto que en lugar de intimidad tiene mucha distancia con sus parientes y amigos puede acortar dicha distancia aumentando las habilidades, del lado tierno del amor. Una de esas habilidades es precisamente nuestro tercer paso hacia una mayor ternura en nuestras vidas.

3. Aprenda a ofrecer ternura

El entrenador de fútbol de mi (Gary) hijo menor es uno de los mejores de la región. Pero aumentó aun más sus cualidades este año cuando aprendió a dar a sus jugadores lo que llamamos «un sandwich de ternura».

Jack, nuestro entrenador, fue antes jugador profesional de fútbol. Como gran número de entrenadores tiene mucho de león en su personalidad. Eso es natural, no tiene nada de blanda la tarea de entrenar dos veces al día a un equipo y lograr que corran carreras cortas de velocidad en Arizona en pleno verano para que estén en forma para el invierno. Sin embargo, Jack advertía que la dureza por sí sola no era suficiente para motivar a todos los jugadores del equipo.

El primer año que se desempeñó en nuestra región se sentía molesto por no haber podido animar a varios jugadores. Hasta hubo algunos en los que había cifrado muchas de sus aspiraciones, pero que abandonaron el equipo dejándolo en condiciones muy precarias. Curiosamente, la mayoría de los jóvenes con los que estaba teniendo problemas eran perros perdigueros.

Un día, después del entrenamiento, me confesó su problema. «Sé que soy severo con los muchachos», dijo enfáticamente. «Pero hay que motivarlos y lograr que rindan el máximo. Deben adaptarse o quizá tendrán que abandonar el fútbol para cambiarse a otro deporte menos riguroso».

«Entrenador», le dije, «¿me permite una sugerencia?»

«Dentro de tres semanas empieza la temporada de fútbol», me respondió. A estas alturas estoy abierto a cualquier sugerencia».

Entonces, en dos minutos le di una rápida explicación acerca de las personalidades caracterizadas por diferentes especies de animales y le conté acerca del «sandwich de ternura» que John y yo enseñamos cuando aconsejamos.

«Entrenador», le dije, «haga un experimento durante una semana. Por cada treinta segundos que pase reprendiendo a un jugador, por haber fracasado en una jugada o en una tarea asignada, ofrézcale también treinta segundos de afecto. Mírelo directo a los ojos y dígale en qué fracasó y cómo podría afectar al equipo en un partido oficial. Pero luego póngale el brazo alrededor de los hombros y dígale cuánto lo aprecia y que es un jugador demasiado bueno como para cometer esos errores. Recuerde, treinta segundos de firmeza intercalados con treinta segundos de ternura. *Pero asegúrese de terminar la experiencia con expresiones de ternura siempre que sea posible».*

Jack me miraba con escepticismo y era comprensible. Prácticamente todo lo que sea entrenamiento, excepto los niveles de iniciación más elemental, se ha transformado en algo severo. Era obvio que intercalar ternura en sus discursos era algo que lo ponía incómodo. Pero estaba dispuesto a probar cualquier cosa.

Es difícil romper con viejas normas. De hecho, al terminar la primera sesión en la que intentó aplicar este enfoque, me preguntó: «Gary, cuando les hablo y los trato suavemente ¿puedo sostenerlos por el cuello?»

Pero Jack, sí cambió y a la vez en forma conmovedora cambiaron las actitudes de muchos de los jugadores «problema» del equipo. Tuvo una amable conversación con cada uno de los muchachos que habían abandonado el equipo y logró que casi todos ellos volvieran. Hasta llegaron a ser finalistas en el campeonato nacional de fútbol.

Jack es un excelente entrenador y cuando agregó ternura a su enfoque, no hizo sino aumentar su éxito. Vez tras vez hemos visto cómo cónyuges y padres vuelven a ganar el corazón de un ser querido cuando aprenden y practican este mismo enfoque. Veamos el ejemplo de Laura.

Las bacterias odian a un tipo de persona como Laura. Mantiene su casa tan limpia que las bacterias dejan de visitarla. Desgraciadamente, el concepto que su esposo nutria tiene de mantener la limpieza es poner en orden su ropero una vez al año, lo necesite o no.

En los primeros años de su matrimonio, la tendencia

a la severidad que era natural en Laura, se inclinó peligrosamente a un nivel crítico. Al menos veinte veces al día encontraba motivos para criticar el comportamiento de su esposo. Una vez más había puesto la alfombra del baño fuera de lugar y no había secado los azulejos después de ducharse. Había usado el automóvil de ella y lo había llenado de migas. Más y más cosas se agregaban a la lista.

Cuanto más severa se volvía con su esposo intentando que cambiara, menos resultados obtenía. Pero cuando empezó a poner en práctica el enfoque del «sandwich de ternura» quedó impresionada por el cambio que se produjo en su esposo *y en ella misma.*

«Decidí no criticar nunca a Guillermo por algo que hubiera hecho o dejado de hacer a menos que también pudiera decirle algo positivo al respecto», nos dijo. «Al principio no podía decir nada. Me era totalmente extraño vincular algo positivo con algo negativo. Me sentía ridícula y contradictoria. Pero a medida que pasa el tiempo, lo único que puedo decir es que los cambios en ambos son notables».

¿Por qué reduce los conflictos en el hogar este enfoque de la ternura? Los estudios muestran que las parejas más felices son aquellas que sistemáticamente realizan pequeños gestos afectuosos (especialmente tiernos como una palabra cariñosa, una caricia suave o una nota de estímulo), aun cuando tienen que expresar alguna preocupación.[3] En cambio, en las parejas más llenas de conflictos y problemas, los gestos tiernos prácticamente no existen.

Por lo tanto, si queremos tener las relaciones lo más saludables posibles debemos aprender a intercalar la ternura junto a las correcciones más severas.

Hemos considerado tres maneras importantes de

agregar ternura a nuestra vida: Identificar los aislamientos emocionales del pasado, reconocer y atenuar la
distancia que ponemos entre nosotros y nuestros seres
queridos y aprender a ofrecer un «sandwich de ternura»
cuando tenemos que llamarle la atención a alguien.
Cada una de estas medidas son importantes. Pero
quedan aún siete recursos poderosos para aumentar
este importante aspecto del amor.

CAPITULO NUEVE

Cómo agregar ternura al amor Parte II

YA hemos considerado tres claves para comunicar el lado tierno del amor. Hay una cuarta clave que tiene que ver cuando consideramos la ternura desde la perspectiva de los demás.

4. Entienda qué significa la ternura para los demás

El hecho de que existan diversas personalidades hace inevitable que las personas consideren una situación dada, de distinta manera. Si queremos que florezca un matrimonio o una relación entre padre e hijo tenemos que valorar las cualidades de las distintas personalidades y aprender, según esas diferencias, cómo comunicar ternura a la otra persona. *A la inversa, cuanto menos apreciemos las cualidades naturales de una persona, tanto más severos nos mostraremos con ella.*

¿Recuerda la historia acerca de Julia y su madre, con la que iniciamos el capítulo tres? Julia tenía un temperamento de castor y en consecuencia tenía que hacerlo todo cuidadosamente. Su madre, en cambio, era un león y quería que todo se hiciese rápidamente y con eficiencia. Pero esta madre fue sabia y aprendió a aplicar un poderoso principio bíblico que le agregó ternura a la relación con su hija.

Mateo nos narra lo que Cristo dijo respecto a nuestros intereses afectivos: «Donde esté vuestro tesoro, allí estará también vuestro corazón».[1] Lo que es cierto respecto a la vida espiritual lo es también respecto a nuestra familia. Cuanto más aprendemos a valorar las inclinaciones y cualidades de nuestros seres queridos, especialmente si difieren de las nuestras, tanto más tiernos nos volveremos hacia ellos.

Eso fue lo que sucedió entre Julia y su madre. A medida que esa mujer aprendió a apreciar mejor las cualidades particulares de su hija, quiso aprender qué significaba la ternura desde el punto de vista de su hija. De modo que sencillamente le preguntó: «¿Cómo piensas que puedo ser más tierna contigo?»

Julia le dio de inmediato una respuesta que la asombró: «Apagando el cronómetro cuando estoy haciendo las tareas de la escuela».

Tener el reloj marcándole el tiempo mientras hacía sus tareas no la ayudaba a trabajar con más rapidez, la molestaba, le provocaba más errores y finalmente, se demoraba más.

La mamá de Julia disfrutaba trabajando contra el reloj. Ella daba por sentado que su hija tendría la misma actitud. Pero Dios le había dado a Julia una perspectiva distinta del tiempo y cuando ambas perspectivas chocaron empezaron las dificultades. Una manera práctica en que su madre podía demostrarle ternura era no presionarla con el tiempo.

¿Está imponiendo exigencias a algún ser querido que lo obligan a distanciarse, quizá endureciendo su propio corazón aun más hacia él? Algunas veces la ternura se muestra en el gesto considerado de llamar a casa antes de llegar con un invitado a comer. Otras veces significa dejar a un lado las dilaciones y no llegar a la fecha de vencimiento para correr a pagar los impuestos. Puede incluso involucrar la sensibilidad de asegurarse de colocar la ropa sucia *dentro* del cesto y no simplemente tirarla en el suelo al lado del mismo. Siempre será ofrecer consuelo sin ir acompañado de un sermón.

En todos los casos aprender a valorar las diferencias y especialmente a *preguntar* qué implica la ternura para una persona, lo puede ayudar a descubrir maneras grandes y pequeñas de llegar al corazón ella y también de ablandar el suyo.

5. Aprenda el secreto de tomar decisiones firmes de una manera tierna

Todo esto acerca de agregar ternura a las relaciones parecía ser lo que menos necesitaba la familia Sánchez. A fin de cuentas estaban en medio de una contienda respecto a su hijo de doce años.

Habían intentado ser suaves con él, al punto de llegar a sobornarlo para que corrigiera su conducta. Pero nada parecía dar resultado con ese hijo león, excepto darle con algo por la cabeza en un feroz enfrentamiento. Sin embargo, tanto el papá como la mamá eran perros perdigueros por naturaleza y el tener que castigar de esa forma a su hijo todos los días estaba destrozándoles el corazón.

A pesar de las apariencias, lo que más necesitaba ese hogar era ternura. ¿Por qué?

En el fondo de muchos problemas de disciplina nos encontramos con el enojo de un niño que quiere hacer su propia voluntad y se rebela contra cualquier control o límite. Desafortunadamente, en reacción al enojo de sus hijos, los padres con frecuencia deciden responder con violencia a la violencia y la situación puede rápidamente alcanzar los niveles de una conflagración mundial.

Los padres pueden generalmente, hasta que los niños no crecen a un nivel para enfrentarse a ellos, superarlos en el volumen de la voz y en la fuerza física y obligarlos a acatar las reglas, al menos por un tiempo. Esto es como verter combustible sobre un pequeño fuego pretendiendo apagarlo. El efecto del enojo acumulado en un hogar puede producir aun más daño a largo plazo.

Todos sabemos lo fácil que resulta responder a la violencia con violencia. Pero en cambio, ¿cómo se apacigua el enojo? La Escritura nos dice que hay algo que disminuye la presencia de esa dañina emoción en el hogar: la ternura.

Las paradojas bíblicas como: «La blanda respuesta quita la ira» y «Con larga paciencia se aplaca el príncipe, y la lengua blanda quebranta los huesos»,[2] despiertan nuestra curiosidad, pero no siempre nos sirven de consuelo, especialmente en el caso de una familia como la familia Sánchez. ¿Cómo se puede agregar ternura a una situación problemática sin ceder el dominio de la casa a una criatura ingobernable? ¿Cómo pueden un papá y una mamá desempeñar sus funciones en el hogar sin ser policías en todo momento?

Al igual que muchas otras familias, la familia Sánchez necesita una herramienta que le permita tomar decisiones firmes de una manera suave, un método que profundice la lealtad para encarar los problemas, las tareas y las metas disminuyendo al mismo tiempo la tensión creada. Hemos visto buenos resultados de este método en nuestras propias familias y en muchísimas otras.

El método al que nos referimos es el contrato familiar. Ilustraremos su aplicación con el ejemplo de la familia Méndez, que padecía del mismo problema que muchas otras. Es decir, tienen a las cuatro especies de animales bajo el mismo techo.

Eduardo, el padre, es un león que quiere que la familia funcione como una máquina bien aceitada. Samuel, su hijo nutria, está permanentemente dejando caer tuercas dentro de la máquina. En consecuencia, la madre que se llama Dorita, el perro perdiguero, está siempre alerta tratando de mantener la armonía entre los dos hombres de la casa. ¿Y qué diremos de su hija Beatriz, el castor de la familia? Con su inclinación a la crítica está continuamente señalando las faltas de su hermano, que contrastan con su casi perfección, por lo que todo el conflicto se enciende nuevamente.

Sin embargo, en lugar de vivir en un infierno familiar, con fricciones permanentes, lograron expresar hasta las más severas reglas familiares de una forma suficientemente suave como para que todos, incluso Samuel, pudieran aceptarlas: Por convenio entre todos establecieron un contrato familiar.

Una noche evaluaron la situación, pues ninguno de ellos era feliz con las cosas como estaban. Nadie quería ceder para que la situación mejorara excepto, por supuesto, mamá tipo perro perdiguero, que ya se había agotado tratando de mantener a todos contentos.

Eduardo coordinó la reunión e hizo que todos pusieran por escrito qué esperaban de la familia. Una vez que compiló las listas redujo todas las aspiraciones a tres reglas básicas a las que tenían que ajustarse. Si bien cada categoría tendría subcategorías, las tres reglas esenciales a las que se comprometieron fueron las siguientes:

1. Honrar a Dios.
2. Respetarse mutuamente.
3. Respetar la creación de Dios.

Decidieron que honrar a Dios significaba asistir regularmente a la iglesia, no usar nunca un vocabulario indecente ni usar el nombre del Señor en vano y mantener un tiempo devocional al menos dos veces por semana como mínimo. La pauta de «respetarse mutuamente» incluía no contestar mal a los padres ni agredir verbalmente a algún miembro de la familia. Finalmente, «respetar la creación de Dios» abarcaba las diversas responsabilidades para mantener limpia la casa y cuidar de sus animalitos.

Todas las familias funcionan con algunas reglas. El problema es que en la mayoría de los hogares las reglas no están escritas. Aunque no lo podemos explicar del todo, por alguna razón cuando las reglas se ponen por escrito y se siguen cabalmente hay menos confusión y más armonía.

Después de poner por escrito sus reglas básicas, la familia Méndez empezó a aplicarlas para que el contrato familiar diera buenos resultados. En primer lugar, trazaron dos columnas al lado de las reglas, una para marcar un premio si se cumplía y otra para indicar la sanción en caso contrario. *Luego se les permitió a los hijos, orientados por los padres, escribir sus propios premios y castigos.*

Tuvieron que ayudar a Beatriz a adecuar las penalidades a cada falta, porque ella sugería, por ejemplo: «Si me olvido de darle de comer al gato, ¿qué les parece prohibirme salir a pasear por dos semanas?» Después de analizarlo, estuvieron de acuerdo en que una noche sin televisión era suficiente para esa falta.

Samuel necesitó ayuda para ser más realista en cuanto a los premios. Sugería que si se acordaba de alimentar al perro durante una semana sin que tuvieran que recordárselo, quedaría libre de su tarea de cortar el césped durante todo el verano. Después de un análisis, todos concordaron en que el cumplimiento de esa tarea le otorgaría el privilegio de un paseo de dos horas el sábado por la ciudad. Si no la cumplía, se perdería el paseo.

Quizá ya pueden percibir lo que estaba comenzando a pasar en la casa de la familia Méndez. Ahora, en lugar de que cada norma fuera «idea de papá» o una «orden de mamá» eran también las normas que daban los hijos, incluyendo sus propios premios y castigos. En la medida en que aumentaba la participación en el establecimiento de las reglas disminuían los motivos de los hijos, para desafiar a papá y a mamá. Rebelarse a las reglas llegó a ser una forma de rebelarse contra sí mismos y eso no tenía nada de divertido.

La segunda clave para el buen cumplimiento del contrato familiar fue *permitir a los niños el máximo de libertad posible para cumplir con sus respectivas responsabilidades.* Por ejemplo, todos se habían comprometido a pasar al menos diez minutos de tiempo devocional dos veces por semana. Normalmente, para Samuel significaba separar los últimos diez minutos por la noche, en los que leía algunas de las historias interesantes de *La Biblia para niños,* con sus aplicaciones.

Por supuesto, algunas reglas no eran flexibles. No había justificación para hablar groserías o contestar con violencia. En cambio la flexibilidad respecto a algunas tareas, como cuándo sacar la basura o cuándo alimentar al perro, con tal que fuera antes que oscureciera, evitaba muchos regaños. Los propios niños eran quienes marcaban su tarea una vez cumplida, lo cual les transfería la comprobación de sus propias responsabilidades, en lugar de que los padres tuvieran que andar recordándoselas a cada rato.

La tercera clave y la más importante, para que funcione un contrato familiar es una que los mejores líderes de empresa, así como Eduardo y Dorita, conocen bien: *Usted sólo puede esperar que la gente haga aquello que puede inspeccionar.* La única comida que la familia Méndez podía compartir era el desayuno. En ese momento los padres tomaban la hoja de contrato que estaba colocada en la puerta del refrigerador, para revisar qué habían marcado sus hijos.

Las tres primeras semanas fueron una prueba difícil para Eduardo, Samuel y Dorita. Samuel se olvidó varias veces de cumplir sus tareas y eso significaba que no podía salir el fin de semana. Hasta tuvo que volver temprano del cumpleaños de su primo, mientras todos los demás se marchaban a ver una película en el centro. («Si te olvidas de dar de comer al perro, olvídate totalmente del paseo».) Pero después que Eduardo y Dorita lograron mantenerse firmes durante el período de prueba, que ya les habían advertido que tendrían que soportar, pronto empezaron a observar cambios positivos.

Eduardo descubrió que podía dominar su enojo. En lugar de gritar, sacudir el índice o caer en el dramatismo para demostrar lo serio que estaba. Simplemente señalaba el contrato que estaba en la puerta del refrigerador. Dicho contrato también le ayudaba a recordar que no sólo podía castigar al que no cumplía las reglas, sino que también podía motivar un comportamiento positivo al premiar al que se comportaba correctamente.

Nuestro perro perdiguero Dorita aprendió a ser más firme, sin dejar de ser afectuosa, porque ahora tenía las reglas claras. Mirando el contrato sabía qué podían ganar los niños y también sabía que había límites disciplinarios si no cumplían sus tareas. Todo eso le dio confianza para mantenerse firme y ponerse de acuerdo con su esposo en cuanto a la manera de disciplinar algo que los niños necesitaban desde hacía mucho tiempo.

Finalmente, la nutria Samuel y el castor Beatriz empezaron a prosperar dentro de ese sistema. A pesar de su temperamento, Samuel disfrutaba llenando la hoja de contrato, especialmente cuando señalaba las tareas cumplidas con un marcador grueso. Después de varios meses hasta descubrió que estaba formando buenos hábitos en varias esferas de responsabilidad que antes odiaba. En cuanto a Beatriz, el contrato era una bendición: Por fin la familia se estaba volviendo organizada como ella y la premiaba por lo que hacía correctamente.

Usted se preguntará si las cosas positivas que le ocurrieron a la familia Méndez fueron una excepción. Le diré que la familia Smalley disfrutó de los mismos resultados. Ocurre que el sistema contractual que le enseñamos a la familia Méndez era el mismo que nosotros habíamos usado durante años. En realidad, atribuyo a este sistema que aplicamos cuando los niños eran pequeños, la estrecha unidad que disfrutamos ahora.

Usted podrá ver en el próximo capítulo que, la clave más importante para el éxito de un contrato familiar es la firmeza amorosa necesaria, para lograr que otra persona sea responsable. Pero, aunque nos resultaba duro supervisar cada día la marcha del contrato produjo una increíble ternura en nuestro hogar, porque redujo la fricción y a la vez agregó amor y respeto mutuo.

Sacar a la luz las reglas de la familia y ponerlas por escrito es una manera de que todos salgan ganando.

Seguramente tendrá muchas preguntas prácticas respecto a la aplicación del contrato, que no podremos abarcar aquí. Si quiere profundizar en el uso de este valioso método, consulte el libro de Gary: *The Key to Your Child's Heart* («La llave al corazón de tu hijo») o el de Robert G. Barnes, hijo: *Who's in Charge Here?* («¿Quién manda aquí?»).

Ahora consideremos otra forma de agregar ternura a nuestras relaciones estando conscientes, del aspecto silencioso y severo del amor.

6. Admita el poder destructivo de la dureza no verbal

El apóstol Santiago nos indicó una manera de encontrar bendición espiritual mirándonos en un espejo. Las personas sabias observan profundamente su persona y realizan los cambios necesarios. Pero las personas necias, aunque se miran en el mismo espejo, se alejan tal como llegaron.[3]

¿Cuántas veces se ha mirado en un espejo en el día de hoy? ¿En la semana? Podemos echar una mirada a nuestra apariencia al menos diez veces al día para mejorar nuestro aspecto. Pero para conducirnos de la mejor manera posible debemos mirar atentamente al espejo con más frecuencia aún, para darnos cuenta de cómo nos perciben los demás.

Un amigo consejero, nos contó hace poco acerca de una esposa un tanto ingeniosa. La mujer no lograba hacerle entender a su esposo que lo que más la preocupaba no era lo que él le decía, sino la manera en que la miraba. Le dijo al consejero que su esposo rara vez levantaba la voz, pero sus gestos airados e irrespetuosos la hacían sentir insegura y agredida. Podía controlar su lengua, pero no sus gestos ni su mirada penetrante. Cuando estaban solos, la mirada que le echaba hubiera podido atravesar el acero.

Desesperada por hacerse comprender por su esposo, la mujer usó un método que nosotros no aconsejamos porque podría tener efecto negativo, aunque tuvo buen resultado para ella. Montó su propia «Cámara indiscreta» escondiendo una pequeña cámara de video en la estantería de la biblioteca y apuntando hacia la cocina, donde se desarrollaban la mayoría de sus discusiones. La encendía apenas escuchaba entrar el automóvil al garaje.

Esa noche, después de otra serie de miradas y gestos severos de su esposo, la mujer volvió a enfrentarlo. Esta vez lo que hizo fue rebobinar el video y proyectarlo para que él pudiera darse cuenta de lo que a ella le preocupaba.

Lo que vio no hubiera ganado el concurso de «Videos hogareños cómicos» pero en cambio hubiera ganado el primer premio en una competencia de «Parejas bajo tensión». El marido quedó impresionado al ver cuántas veces levantaba la mirada despectivamente o sacudía las manos como si se sacudiera de encima las palabras de su esposa o cruzaba los brazos o se volvía hacia otro lado cuando ella le hablaba. Todo lo que pudo decir fue: «¿Ese soy realmente yo? ¿Es así como me veo?»

Los investigadores nos dicen que la mayor parte de nuestra comunicación no es verbal. Desde la posición de la cabeza, el entrecerrar de los ojos, hasta el portazo que damos, todo comunica en alta voz lo que decimos sin palabras. *Nunca podremos comunicar de manera efectiva el lado tierno del amor, a menos que hagamos una firme inspección de lo que comunicamos sin palabras.*

Lo primero que tenemos que aprender a usar para comunicar ternura son nuestros ojos y nuestra boca. Si tenemos el ceño fruncido y la boca tiesa, por más suaves que sean nuestras palabras la persona recibirá un mensaje severo. Eso es así, porque *cuando se mezclan en el mensaje palabras suaves y señales no verbales severas, todo inclina el peso hacia el lado severo.*

Se ha dicho que un cuadro vale mil palabras. Cada vez que hablamos con una persona, nuestras claves sin palabras trasmiten un cuadro claro de lo que realmente pensamos.

El ceño fruncido transmite su mensaje a todo el cuerpo. Tómese un momento y haga el siguiente ejercicio. Haga el gesto más severo que pueda: Entrecierre los ojos, apriete los dientes, ponga el cuello tieso, la clase de expresión que reservaría para el profesor que siempre da pruebas difíciles el viernes por la tarde o para la muchacha que lo dejó plantado en la Universidad sin devolverle ninguno de los costosos regalos que le había hecho.

Ahora preste atención a su respiración. Esta postura aumentará los latidos de su corazón, la respiración se volverá superficial, se le pondrán rígidos el cuello y los músculos del estómago y todo el cuerpo se pondrá a la defensiva.

Ahora trate de serenarse y de mostrar su más amplia sonrisa. ¿Pudo sentir que todo el cuerpo se serenaba? La respiración se vuelve automáticamente más profunda. Si pudiera medirlo, también se daría cuenta de que sus pupilas se dilatan levemente cuando sonríe permitiéndole captar más del ambiente que lo rodea y mostrar un semblante más cordial y amistoso a los demás. «La luz de los ojos alegra el corazón», nos dice la Biblia.[4]

La próxima vez que tenga un discusión «grave» con su cónyuge o con su hijo pruebe algo que puede ser de tanta ayuda como el más persuasivo de los argumentos. Tómese un respiro en medio de la tensión del momento y ofrezca una sonrisa, tómele la mano o abrácelo, comunicándole que a pesar del asunto que discuten, lo sigue amando.

También tenemos que ser cuidadosos con el tono de voz. Por regla general, nuestra voz siempre trasmite lo que en realidad sentimos cuando hablamos con alguien. Pídales a sus seres queridos que evalúen regularmente el tono de voz que emplea con ellos para asegurarse de que alguna emoción negativa escondida no esté arruinando el efecto positivo de sus palabras.

Sin embargo, la ternura sin palabras se manifiesta mejor que nunca cuando estamos escuchando. Podemos estar seguros de que nos encontramos comunicando ternura si nuestros hombros están frente a los hombros de la persona que nos habla y si estamos apenas un poco inclinados hacia adelante. Tomarnos el tiempo necesario para darnos vuelta y ubicarnos exactamente frente a la otra persona también le comunica cordialidad y atención, como también el agacharnos para ponernos a la altura de la mirada de un niño. En cambio, ponerse de lado o tener la mirada puesta en la cocina o en el televisor comunica rigidez, aunque no sea nuestra intención hacerlo.

Por último, tome nota de la dureza no verbal de los demás para identificar los focos de tensión que pudiera haber en el hogar. No hace mucho, me pareció que algo andaba mal con Norma. De modo que decidí (Gary) observar sus señales sin palabras para tratar de identificar el problema.

Primero observé que cuando hablábamos, a menudo no me miraba a los ojos. Nuestras conversaciones parecían breves y reducidas a lo esencial. También se cruzaba de brazos o se sentaba en el otro extremo del sofá. Pero cuando entraba cualquiera de nuestros hijos el rostro se le iluminaba y se mostraba dispuesta a conversar, a cualquier hora del día o de la noche. Cuando yo trataba de acercarme a ella se resistía al contacto íntimo y se ponía tensa en cuanto la abrazaba.

¡No hacía falta ser un genio para darse cuenta de que el problema era conmigo! Finalmente descubrí que había estado criticándola sobre un asunto en particular y ella había llegado a cansarse. Nunca había expresado verbalmente su molestia, pero la manifestaba en su manera de actuar.

Afortunadamente, al tener en cuenta su lenguaje corporal pude percibir rápidamente su molestia. En cuanto me esforcé para no ser demasiado crítico en ese aspecto, pronto volvimos a tener una relación positiva y saludable.

7. Comprométase en ayudar a otros

Mi hija Kari Lynn (Gary) va a cumplir su primer año como maestra de escuela. Aunque siempre ha tenido un corazón compasivo, la he observado profundizar aún más en ternura durante el curso de este año. ¿Por qué? Porque ha debido sacrificarse por otros y eso realmente ha sensibilizado su corazón.

Casi todos sus alumnos son de habla hispana y dos de ellos no hablaban nada de inglés al comenzar el año. La he observado dedicar gran parte de su tiempo libre para acompañar y alentar a esos alumnos, a fin de que escriban y hablen mejor el inglés.

No digo esto para publicar lo que ella ha hecho por sus alumnos, sino para señalar cuánto aumenta la ternura del corazón cuando nos preocupamos por otros, aun si eso significa un sacrificio de nuestro tiempo y de nuestros recursos. Si advierte que su corazón no es todo lo tierno que debiera ser, pregúntese si está comprometido en tareas que implican servir a otros. Ya sea cuidando a los niños en la iglesia o participando de una misión evangelística a otro país o en el hospital de la zona. El acercarnos a los demás nos enseñará importantes lecciones en cuanto a la ternura.

8. Permita que las pruebas lo ablanden

Conocemos a un matrimonio que integra el equipo pastoral de una iglesia, que ha sufrido por la imposibilidad de tener niños. Soportaron estudios dolorosos, remedios diversos y una tensión indescriptible. Durante años, mirar los juguetes en las tiendas, ver cada domingo por la mañana a los hijos de sus amigos en la iglesia y colgar cada Navidad sólo dos medias esperando regalos, les recordaban el tremendo vacío que sentían. Pero la prueba más difícil la pasaron con algunos miembros bien intencionados de la iglesia.

En más de una ocasión, la esposa recibió notas de otras mujeres, que le decían que debía aceptar y aplaudir «la voluntad de Dios» de no darle hijos. A menudo le señalaban lo especial, lo fuerte, lo bendecida que debía ser por el hecho de que Dios le hubiera dado esa carga. Esta pareja no necesitaba explicaciones acerca de la voluntad de Dios dadas por personas que no podían entender su sufrimiento; lo que necesitaba era amor y comprensión y de vez en cuando, un gesto de compasión.

Muchas personas soportan pruebas, pero no todas salen de ellas más capacitadas. El dolor físico y otros problemas pueden tornarnos personas más duras. Pero en el caso de ese matrimonio y en el de muchos otros que han pasado épocas de dificultad, las pruebas los han vuelto más tiernos.

Un tiempo atrás tuvimos la oportunidad de pasar una semana con el doctor Charles Swindoll y su equipo dando charlas en el campamento de familias de su iglesia. Como estábamos recopilando material para este libro, nos pareció oportuno preguntarle, por ser una de las personas más dulces y cordiales que hemos conocido, cuál era su secreto para comunicar tanto amor genuino a su grey.

El doctor Swindoll hizo una pausa y frunció el entrecejo. Finalmente, después de algunos momentos, nos respondió con una sola palabra: «Sufrimiento». Luego nos habló del dolor que sufrieron cuando casi perdieron a su nieta, de los funerales de amigos muy queridos en los que tuvo que predicar, del dolor que significaba dar consejo bíblico a personas que no lo atendían y de las críticas injustificadas que recibía. El sufrimiento nos puede hacer más amargos o más dulces. Las pruebas de Charles Swindoll han profundizado y endulzado su amor hacia Cristo y hacia los demás.

¿Se está volviendo más severo por efecto de las pruebas y está aislando el lado tierno del amor? Nuestra reacción al sufrimiento y su efecto sobre nuestra habilidad para amar es tan importante, que he escrito (Gary) todo un libro sobre el tema: *Joy That Lasts,* («Gozo que perdura»).

El apóstol Santiago nos dijo que no debemos resentirnos con las pruebas, sino recibirlas como algo positivo. Y si bien eso no es siempre fácil, compartir el sufrimiento de Cristo es una forma segura de alcanzar una percepción más profunda de su amor. También es una forma poderosa de ablandar nuestro corazón, para que nuestro amor por los demás se irradie con fuerza.

9. Mantengamos nuestro corazón espiritualmente tierno

No cabe duda de que la forma más directa de ablandar nuestro amor hacia los demás es aumentando nuestro amor por Cristo. Esto es tan importante que dedicaremos el último capítulo del libro íntegramente a tratar este aspecto. Pero por ahora queremos mencionar dos cosas que ayudan a mantener nuestro corazón espiritualmente tierno.

En primer lugar, aumentamos la ternura cuando nos mantenemos abiertos a la corrección de otros. En las Escrituras leemos: «La represión aprovecha al entendido, más que cien azotes al necio». [5] En otras palabras, las personas sabias son suaves y receptivas a las correcciones; los necios son rígidos y no aceptan que se les señalen las faltas. Desafortunadamente, cuanto menos abiertos somos, más tendemos a endurecer nuestro corazón hacia Dios y hacia los demás. A la inversa, si queremos ser sabios, debemos mantenernos tiernos hacia lo que Dios nos puede enseñar a través de las observaciones de los demás.

En segundo lugar, aumentamos la ternura espiritual si nos abstenemos de ocuparnos de cosas que endurecen el corazón. El capítulo 1 de Romanos tiene una larga lista de esas cosas que incluyen la injusticia, la maldad, la envidia, el homicidio, los pleitos, el engaño, el odio y especialmente el pecado sexual.

No cabe duda de que la mejor manera de aumentar la ternura y evitar las tinieblas es llevar una vida consagrada a Dios. Consideremos, por ejemplo, el pecado sexual que es un mal endémico en nuestra sociedad. Una de las razones por las que oscurece el corazón es que nos obliga a llevar una doble vida. Por un lado la vida pública del esposo o la esposa devotos, del estudiante o el clérigo consagrados y por otro lado la vida secreta de contacto con las tinieblas.

Cuanto más vivimos una vida doble, tanto más endurecemos nuestro corazón hacia Dios y hacia los demás. Cada vez que rechazamos la convicción de pecado que nos trae el Espíritu Santo, rehusamos arrepentirnos y hacemos que nuestro corazón se vuelva más duro que la piedra. Vez tras vez hemos observado que un corazón insensible dice o hace cosas, que hubieran sido inconcebibles apenas unos meses antes.

No cabe duda de que el pecado oculto endurece el corazón. Cada vez que le damos la espalda a Dios, no logramos ocultar absolutamente nada. Bien dijo el salmista: «Si nos hubiésemos olvidado del nombre de nuestro Dios... ¿No demandaría Dios esto? Porque él conoce los secretos del corazón».[6]

Cuanto más vivimos de acuerdo con la verdad, menos lugar damos al pecado para que actúe como un cemento que se solidifica lentamente en nuestro corazón y anula nuestra capacidad de dar y recibir las dos caras del amor.

10. Propóngase ser tierno con aquellos que ama

Si usted es un león o un castor, le gusta tener metas. Cuando alguien le propone una meta, el desafío actúa como un combustible. Teniendo esto en cuenta, lo desafiamos aquí y ahora, a proponerse como meta agregar ternura a su amor por los demás.

Si necesita aprender más acerca de cómo motivar a sus hijos según la personalidad de cada uno, le recomendamos el libro *Tailor-Made Kids in an Off-the-Rack World* («Niños hechos a medida en un mundo despersonalizado»), de Jim Brawner. En este excelente libro encontrará muchas formas de usar ambos lados del amor para incentivar a sus hijos.[7]

En cuanto a nosotros, hace ya dos años aproximadamente que nuestras respectivas esposas nos encararon para decirnos que necesitábamos agregar ternura a nuestra vida. Durante todo este tiempo nos lo hemos propuesto como una meta intencional y cotidiana. Pero una decisión así tiene un precio. Todavía tenemos la tendencia característica de las nutrias de atacar verbalmente cuando estamos bajo tensión. Lo que nosotros pensamos que es ternura no siempre ha coincidido con lo que piensa nuestra familia. Hemos tenido que llevar a cabo reuniones familiares para hablar sobre el particular y a veces hemos tenido que pedir perdón por retroceder a una posición más cómoda, pero nada equilibrada.

Sabemos que no es fácil que un león asuma características de oveja, pero ya ha ocurrido otras veces. El libro del Apocalipsis está lleno de imágenes donde se ve al Hijo de Dios sentado en su trono y es tanto León como Cordero. A medida que seamos cada vez más semejantes a él veremos cómo aumenta nuestra ternura hacia los demás.

Hemos visto diez formas de aumentar la ternura y cada una de ellas tiene el potencial de enriquecer nuestras relaciones. Pero también necesitamos el lado severo y protector del amor. En los próximos dos capítulos vamos a analizar detenidamente diez formas de agregar más firmeza, si eso es lo que falta en nuestra vida para tener una armonía saludable.

CAPITULO DIEZ

Cómo agregar al amor una firmeza saludable
Parte I

YA era muy oscuro, mientras Esteban se encontraba en la habitación de su hija. *Quizá estoy equivocado*, pensaba al mirarla dormida. *Todos piensan que lo estoy. Pero yo sé que no es así, Señor. Por favor ayúdame a mantenerme firme.*

Nadie hubiera considerado a Esteban como un león. No es que le faltara masculinidad, pero tenía la más alta puntuación de la escala de los perros perdigueros. Podía ser firme si se lo exigían, pero era tan flexible con otros que rara vez tenía que mostrar el lado severo del amor. Por el contrario, siempre había sido un padre afectuoso y paciente que brindaba más mimos y menos disciplina que el promedio de los padres.

Como ya hemos visto, la ternura es esencial. Revise las listas bíblicas del fruto del Espíritu y las cualidades que deben caracterizar a los ancianos y diáconos y verá que la mitad requiere del amor tierno. Pero Esteban necesitaba aplicar la protección y la corrección que brinda el lado firme del amor. Un problema grave le demostró a las claras que la ternura sola no basta.

Lo cierto es que la peor pesadilla de Esteban se había vuelto realidad. Aunque lo había sospechado durante meses, ahora sabía con certeza que su hija Rosalía, de quince años, usaba drogas con sus nuevos amigos en la nueva escuela. El consejero del colegio los había citado a él y a su esposa cuando encontraron drogas escondidas encima del armario con llave que Rosalía compartía con otras compañeras. No las denunciaron a la policía porque no las habían encontrado con la droga encima, pero en la mente de Esteban se desencadenó una tormenta cuando tuvo conocimiento de esos hechos.

No sabía hasta dónde estaría involucrada su hija, pero no podía seguir pasando por alto su humor cambiante y sus historias engañosas. Se daba cuenta de que su hija se iba a perder con las drogas, las malas amistades y quién sabe qué otras cosas más y tenía que hacer algo al respecto.

Hay momentos en que la vida nos exige que tomemos una decisión y que a la ternura le agreguemos firmeza. Esteban tomó varias decisiones importantes al mismo tiempo, lo cual fue una actitud poco habitual en él.

En primer lugar, cambiaría a Rosalía a otra escuela. Si bien, las drogas están presentes en muchas escuelas secundarias, él creía firmemente que debía cambiarla. También debía cortar con las amistades adquiridas recientemente. Debía romper todo lazo con ellas, incluyendo las llamadas telefónicas y los encuentros «casuales» en el centro comercial de la ciudad. (Y él la acompañó para asegurarse de que así fuera.) Por último, regresaría a la iglesia y asistiría a sesiones de asesoramiento, junto con el resto de la familia y eso lo iniciarían de inmediato.

Se pueden imaginar el impacto de estas decisiones en el resto de la familia. Rosalía se llenó de ira y amenazó con fugarse de la casa. Noche tras noche se negaba a hablar con su padre y ni siquiera lo miraba a menos que estuviera obligada a hacerlo. Su hermana menor, tipo perro perdiguero por naturaleza, reaccionó al dolor que observaba en Rosalía y ella también atacó a su padre acusándolo de ser demasiado duro y cruel. Hasta su esposa comenzó a dudar de él y se preguntaba en voz alta si su esposo no procedía exageradamente en esa situación.

Ya habían pasado dos meses y Rosalía se encontraba en su nueva escuela y alejada de sus viejos amigos. Una vez más, pasada la medianoche, Esteban no lograba conciliar el sueño. Daba vueltas y vueltas, con un nudo en el estómago por el conflicto emocional que vivía. *¿Estaré siendo demasiado duro? ¿Me habré sobrepasado?*, pensaba. Al fin, decidió hacer la única cosa que parecía darle algún consuelo: Bajar a la sala y orar.

Pero esta vez, camino a la escalera se detuvo en la puerta del dormitorio de su hija. La puerta estaba entreabierta y él se asomó en la oscuridad. Después de dejar pasar unos momentos, para que sus ojos se adaptaran a la oscuridad, entró y la contempló durmiendo.

La emoción lo sobrecogió al recordar todas las noches que había pasado allí, mientras era más pequeña, contemplándola mientras se aferraba a su manta o a su animalito de peluche preferido. Recordó cómo ella le sonreía cuando entraba a la habitación. En cambio ahora sólo sentía que lo odiaba y esto le estaba destrozando el corazón.

Los ojos se le llenaron de lágrimas mientras se dio vuelta para salir. Fue entonces que oyó a su hija. «Papá», dijo, «¿eres tú?»

Se detuvo donde estaba y se volvió lentamente. «Sí, querida, soy yo», le respondió.

Después de una larga pausa, se dio cuenta de que su hija había empezado a llorar en silencio. «Papá», le dijo, «gracias por amarme». Se encontraba en un atolladero y no sabía cómo salir. «Gracias por ser firme conmigo».

Esteban había pagado un precio tremendo para llegar a escuchar esas palabras. No hay mayor enojo que el de la persona que ha estado atrapada en la oscuridad y es obligada a mirar la luz. Esteban incluso tuvo que soportar el enojo de otras personas que pensaban que su castigo era exagerado y cruel.

El amor firme no es fácil y a menudo no recibe recompensa rápidamente. Conocemos a otras personas que han debido que ser firmes con un ser amado y tuvieron que soportar que un hijo o un cónyuge se aleje por años de ellos. Pero una cosa es cierta: Si Esteban hubiera decidido dar solamente ternura a su hija, ella nunca se hubiera recuperado y quizá la hubiera perdido para siempre.

Este capítulo está dedicado a todos aquellos que hemos vivido el conflicto de ser demasiado tiernos en nuestro amor por los demás. Individuos como Esteban que tienden a ser demasiado blandos y que necesitan desarrollar una saludable firmeza que equilibre su amor, no sólo cuando se presenta una crisis, sino cotidianamente.

Son nuestros amigos nutrias y perros perdigueros los que se destacan en el lado tierno del amor. Como son tiernos por naturaleza con las personas, a menudo son también demasiado tiernos con los problemas. Si quiere saber dónde se ubica usted en este sentido haga la siguiente evaluación contestando sí o no a cada una de las preguntas.

1. ¿Tiende a reprimir sus emociones en lugar de expresarlas? NO

2. ¿Puede criticar a un amigo? SI

3. ¿Puede pedirle un favor a los demás o pedirles ayuda si está en problemas? SI

4. ¿Le cuesta rechazar nuevas responsabilidades, aun sabiendo que ya está sobrecargado? SI

5. ¿Le deja a su cónyuge la mayor parte de la tarea de disciplinar a los hijos? NO

6. ¿Cuando lo felicitan, se siente incómodo y trata de justificarse? SI

7. ¿Pasa la mayor parte del tiempo con sus amigos escuchando sus necesidades y preocupaciones, sin expresar las propias? SI

8. ¿Siente que ser enérgico y agresivo son más o menos la misma cosa? NN

9. ¿En las discusiones con sus hijos termina a menudo sintiendo que ellos han vuelto a ganar?____

10. ¿Le costaba expresar el enojo cuando era niño? NO

11. ¿Siente que su cónyuge es demasiado severo cuando disciplina a los niños, aunque sabe que la disciplina es apropiada y justificada? ____

12. ¿Siente que si se niega a un pedido de un amigo puede perder su amistad? NO

13. Frente a un sermón, un pasaje bíblico o un libro, ¿se siente condenado pero no toma ninguna iniciativa para cambiar? NO

14. ¿Piensa a menudo que en cualquier momento «va a suceder algo» que va a transformar una situación negativa en positiva? SI

15. ¿Se siente inseguro en su vida espiritual y su
   crecimiento cristiano? _NO_

Este capítulo fue escrito para usted, si tiene más de
cinco respuestas afirmativas. A usted le falta firmeza en
el amor y puede aprender mucho al leer lo que sigue.
Pero aun, los que tienen muchas respuestas negativas
a estas preguntas pueden aprender respecto a cómo ser
firmes en una forma saludable y equilibrada.

¿Por dónde empezamos? Lo mismo que en el capítulo
anterior destruyendo antes de construir. Así como es
importante identificar los aislamientos emocionales que
obstaculizan la ternura, también es igualmente importante ver cómo pueden impedir el lado firme del amor.

1. Reconozca el efecto de los aislamientos emocionales

Corría el año 1951 y la participación del sargento
Davis en la guerra de Corea acababa de concluir. Al
comenzar la guerra, su unidad de reserva fue una de las
primeras en ser llamadas al frente de batalla. El ejército
le había pagado los estudios universitarios y a cambio
de eso, durante doce meses y once días, él le devolvió
con creces al ejército luchando arduamente en las frías
montañas, allá en el paralelo 38, a menudo con sólo
una bayoneta calada.

El sargento Davis había vuelto a ser simplemente
papá, para su pequeña hija Margie, de nueve años. Pero
una noche, poco después de su regreso de la guerra,
volvió a cargar las armas en un incidente que jamás
olvidaría.

Era hora de dormir y Margie había pedido un vaso de
leche con galletitas antes de irse a la cama. Estaba

bromeando y haciendo piruetas en la cocina y de pronto volcó el vaso, que se rompió, derramando la leche en el piso.

Lo avanzado de la hora, el ruido que se produjo y sus nervios destrozados por la reciente participación en el frente de batalla, se combinaron para que el padre de Margie olvidara con quién estaba hablando. Instintivamente, le propinó una andanada de regaños apropiada para un soldado desobediente. Impresionada por su dureza y grosería, Margie rompió a llorar.

Insensiblemente, su padre le gritó: «Vete ahora mismo a la cama», saliendo como una tromba mientras ella corría despavorida a su habitación.

Cuando su esposa le habló, le respondió fríamente: «Fue ella quien rompió el vaso, no yo».

Se negó a entrar y pedirle disculpas a Margie y terminó la discusión admitiendo a medias su falta: «Está bien, fui un poco severo con ella, ya lo olvidará». Pero no lo olvidó.

Esa noche oyeron de pronto terribles alaridos que venían de la habitación de la niña. Davis corrió hacia ella y la encontró sentada en la cama, bañada en transpiración y llorando descontroladamente.

«¿Qué ocurre?», le preguntó abrazándola.

«Era horrible, papá», dijo la niña todavía temblando de miedo. Había un oso y me estaba atacando. Me clavaba las garras y no me soltaba.

Pasó media hora meciéndola suavemente hasta que la niña aceptó tratar de dormirse otra vez. Aun así, lo hizo pidiendo que le dejaran una luz encendida en la habitación. Cuando fue a salir, Davis tuvo una idea.

El hombre no era creyente en esa época, pero sintió que Dios le estaba hablando. Así que volviéndose hacia su hija le preguntó: «Dime querida, ¿el oso del sueño era papá?»

La niña asintió con la cabeza y eso era todo lo que él necesitaba saber. La abrazó y le pidió perdón por haber sido tan severo con ella.

El ex sargento Davis es ahora doctor y nos contó que esa noche cambió radicalmente su vida. Modificó la forma de relacionarse, no sólo con Margie, sino con los hijos que vinieron después.

«Cuando miré desde la puerta a mi hija acostada en su cama, no podía creer lo que había hecho. En ese momento decidí que jamás, jamás, volvería a ser tan severo con ella. Nunca más le haría sentir que su padre era un oso cruel».

Esa decisión se transformó en un aislamiento emocional. La imagen de su hija incorporada en la cama y gritando aterrada, se mantenía tan vívida a lo largo de años, que lo empujó excesivamente hacia el lado tierno del amor. Y si bien esa fue una consecuencia favorable en muchos sentidos, también tuvo su lado negativo. Al eliminar el lado severo del amor, ese hombre depositó sobre su esposa casi toda la responsabilidad de la disciplina.

El doctor Davis no es el único que actúa de esta forma. Con el correr de los años hemos conocido a muchas personas que han vivido alguna experiencia o etapa de su vida que les ha hecho aislar la expresión del lado severo del amor. Yo (Gary) lo he vivido en mi propia familia.

Soy el menor de cinco hijos y justo antes que naciera, mi madre vivió una de esas experiencias. Tenía una hermana mayor, Lorna, que por entonces tenía cinco años. Según me relató mi madre, Lorna había cometido una falta y mi madre la castigó dándole un azote con una cuchara de madera de esas de cocinar.

Aunque mi madre no lo sabía en ese momento, unos días antes Lorna se había clavado una astilla en el brazo mientras jugaba en el jardín. La herida estaba inflamada y pronto se le infectó. Al no haber los poderosos antibióticos de hoy en día, la infección se extendió tan rápidamente que los médicos no lograron controlarla y Lorna murió en los brazos de mi madre.

El castigo no había tenido nada que ver con la muerte de mi hermana, pero mi madre nunca más volvió a castigarnos, ni le permitió a mi padre que lo hiciera. Estaba desconsolada por la pérdida de su hija y el recuerdo de haberla castigado, justo antes de que enfermara tan gravemente, añadía una cuota de culpa a su terrible dolor.

No culpo a mi madre por no haber sido capaz de expresar el lado severo del amor. Pero sé que la falta de disciplina en mi hogar me afectó en varios sentidos. Por ejemplo, por mucho tiempo me costó acatar normas, porque no había tenido que hacerlo nunca en mi casa. Y no sólo me ocurrió a mí, sino a mis hermanos y especialmente a mi hermana, en un sentido muy negativo.

Sin embargo, para muchos la tendencia a expresar sólo el lado tierno del amor no es consecuencia de algún acontecimiento del pasado sino que hemos sido siempre así. Somos del tipo de personas que les llevan sopa de pollo a los enfermos o somos capaces de hacer un favor a medianoche. Si usted responde a esa descripción, es importante que tome en cuenta la próxima pauta en cuanto a cómo agregarle firmeza al amor.

2. Tome distancia brevemente para poder profundizar la intimidad

En el capítulo ocho incluimos una encuesta para ayudarle a evaluar la distancia que mantiene en sus relaciones más importantes. Vuelva a revisar el resultado de su evaluación. Una puntuación alta en cuanto a la intimidad puede ser señal de una relación positiva. Pero también puede anticipar problemas a la hora de expresar el lado severo del amor.

Por naturaleza, las nutrias y los perros perdigueros son muy hábiles en lo referente a formar relaciones. Pero si surgen problemas en esos vínculos, suelen descartarlos con explicaciones esperando que se solucionen con el tiempo o negando totalmente el problema. ¿Por qué? Es la típica situación en que un punto fuerte, llevado al extremo, se torna en una debilidad.

Una vez tras otra, en este libro, lo hemos animado a que sea severo con los problemas y tierno con las personas. Pero muchas nutrias y perros perdigueros encuentran eso muy difícil. *Se acercan tanto a las personas que no pueden separar el problema de la persona. Entonces sienten que una disciplina legítima equivale al rechazo de la persona.*

He tenido (John) esta experiencia. Cuando niño, mi familia era muy unida. Sin embargo, en muchos sentidos estábamos tan cerca que nunca aprendí a separar lo que las personas hacían de lo que eran en realidad. El énfasis estaba puesto en la aceptación personal (en lo que éramos y no en lo que hacíamos) y sentíamos que atacar un problema era atacar a la persona. A la larga, esa incapacidad de aceptar una saludable disciplina llegó a ser un problema.

Después de casarme con Cindy y de que naciera

nuestra hija descubrí que estaba repitiendo los modelos, que había vivido en mi hogar. Mucho de lo que reproducía era positivo. Pero también me costaba mucho disciplinar a mi hija, porque de alguna manera muy dentro de mí, sentía que corregirla era como expresarle que no la aceptaba o no la amaba.

Afortunadamente, Cindy es un buen ejemplo del equilibrio que a mí me faltó de niño. Ama profundamente a nuestra hija, pero no confunde el hecho de desaprobar su conducta con falta de aceptación de su persona. Puede ser firme y poner límites a su comportamiento, porque tiene la distancia emocional necesaria para separar el problema de la persona.

Esa es una de las razones por las que Kari ama tanto a su madre y explica por qué es tan buena maestra. Sus estudiantes saben que son muy queridos, pero conocen también las reglas. Saben que tiene firmeza para mantenerlas, aun cuando esto produce en ocasiones, un distanciamiento transitorio en la relación.

Las personas más inseguras son aquellas que no pueden distanciarse lo suficiente de sus seres queridos como para disciplinarlos. Temen que si se enfrentan con un hijo o su cónyuge van a perder la relación o al menos el *sentimiento* que la acompaña. Aun si fuera por un breve lapso y por el bien del otro sienten que enfrentarlo es poner en peligro la relación.

En realidad es un temor justificado. Como dicen las Escrituras, a ningún niño le gusta la disciplina. Después de un castigo, normalmente se produce un período de distanciamiento emocional entre padre e hijo. Por eso a los perros perdigueros les cuesta tanto disciplinar. No pueden soportar ese distanciamiento emocional de sus seres queridos, aunque sea por un lapso breve. El amor genuino reconoce que no curar una herida o no darles a los niños la medicina que necesitan, aunque no les guste o se enojen con nosotros, es ir en contra del verdadero amor.

La disciplina amorosa puede provocar un distanciamiento emocional durante unas horas y aun, como en el caso de Esteban, unos meses. Es natural y no hay por qué temer. Si armonizamos esa disciplina severa con la ternura no vamos a perder el amor. Por el contrario, lo vamos a enriquecer.

Hasta aquí, hemos considerado dos maneras de incrementar la firmeza del amor. Consideraremos ahora una tercera, que se trata de una sola palabra que, si aprendemos a usarla, puede fortalecer enormemente nuestras relaciones más importantes.

3. Aprenda a usar una palabra que puede salvar sus relaciones

Es difícil imaginar el increíble poder que tiene esta sola palabra. Hemos visto cómo las personas adquieren o pierden el dominio de su vida por sólo decir o dejar de decir esta sola palabra severa: *No*. Es una de las primeras palabras que aprendemos de niños y muchos nos volvemos expertos en su uso cuando tenemos apenas dos años. Pero en algún momento, entre los dos y los veinte años, perdemos la habilidad de pronunciarla.

Los perros perdigueros y las nutrias tienen especial dificultad en decir que no. Es casi como si tuvieran una falla genética que les impide mover la lengua para decir esta palabra. Cuando comienzan a pronunciarla terminan diciendo: «Nnn... está bien».

Todos conocemos a personas que tienen tremendas dificultades en decir que no. Consideremos el caso de esa madre cariñosa que hace, al menos un viaje por día, para llevarle a su hijo algo que se ha olvidado del equipo de fútbol, las zapatillas de tenis o el almuerzo. Se da cuenta de que debiera decirle que no a un jovencito que ya tendría que saber cuidarse de sí mismo, pero sencillamente no puede hacerlo.

Podemos encontrar personas, que no puede negarse a hacer otro trabajo voluntario, además de los que ya hace, aunque este le impida estar con su familia. O ese pastor que agrega «sólo una sesión más de asesoramiento» a un orden del día ya recargado porque, después de todo, para eso ha sido llamado al ministerio.

Es bueno advertir que Jesús sabía decir que no. Dijo que no cuando le pidieron que fuera a ver a Lázaro. En vez de ir se quedó donde estaba tres días más y Lázaro murió. Dijo «no» cuando la turba quería coronarlo rey, porque sabía que su reinado sobre la tierra se cumpliría en su segunda venida. Dijo que no a los discípulos que le pedían sentarse a su derecha e izquierda y dijo «no» a sus acusadores cuando lo instaban a defenderse de sus acusaciones injustas. Jesús dijo que no a menudo y tenía sobradas razones para hacerlo.

Por supuesto, eso no significa que debamos decir que no a todo. Si realmente creemos que algo es importante, quizá debamos decir que sí, aunque nos cueste tiempo y esfuerzo. Pero hay al menos cinco razones por las que debemos decir que no, como lo hizo Cristo y apoyarnos en el lado severo del amor para poder hacerlo.

Cuando evitamos decir que no, algunas actitudes no deseadas pueden echar raíces en nuestro hogar. No es agradable decirlo, pero algunos padres deberían ser acusados por contribuir a la delincuencia juvenil. Cuando les resulta imposible decir que no a sus hijos están contribuyendo a que se vuelvan inútiles y en alguna medida, irresponsables.

Los niños son listos. Si la madre o el padre hace las cosas por ellos, ¿por qué molestarse en ordenar la habitación, hacer las tareas escolares, ahorrar dinero o cumplir con ciertas responsabilidades que deberán enfrentar más tarde en la vida? Es difícil decirles que no a los niños y exigirles que asuman las consecuencias de su conducta. Pero a veces necesitan el lado severo del amor para desarrollar hábitos positivos e impedir los negativos.

Evitar decir que no puede frenarnos para que hagamos las cosas realmente importantes. Vez tras vez hemos visto a personas que no pueden decir «no» a lo que son importantes para otros y terminan por sacrificar cosas que son verdaderamente importantes en sus propios hogares.

Veamos por ejemplo, el caso de Marcos. La necesidad que tenía como nutria de ser querido por sus compañeros de trabajo, lo llevaba a dedicar mucho tiempo ayudando a los demás en sus tareas. Se cargaba de trabajos que debieran haber estado en los escritorios de otras personas y no se negaba nunca a ningún pedido, al punto que no podía cumplir con sus propias obligaciones. A menudo tenía que llevarse trabajo a casa para no atrasarse privándose del tiempo que hubiera podido compartir con su familia.

Las personas que no pueden decir que no, generalmente quedan tan atrapadas por las exigencias de los demás que pasan por alto lo que es realmente importante en su propia vida, cosas como el tiempo devocional, el acompañar a los hijos o atender las responsabilidades del hogar.

Cuando evitamos decir que no podemos acumular tensión y resentimiento. Doris era una maestra que recién se iniciaba y durante casi un año, su «iniciación» consistió en que el director le asignara todas las tareas que los demás rechazaban. Como pensaba que no tenía derecho a opinar aceptaba todas las tareas adicionales relacionadas con la atención de los almuerzos, del patio de recreo o del transporte escolar. Pero si bien aceptaba cada nuevo encargo sin decir una palabra, por dentro protestaba contra sí misma y contra su director y se sentía explotada.

En conclusión, hacia finales del año escolar, estalló en la oficina del director cuando este le encomendó otra tarea. «Doris», le dijo reflejando una enorme sorpresa en el rostro, «si estás recargada de trabajo, todo lo que tienes que hacer es decírmelo. Buscaré a otro que lo haga».

Como tipo perro perdiguero que era Doris sentía que si le decía que no al director, este lo consideraría como una afrenta personal. Si no le hubiera importado su trabajo y la escuela le hubiera costado menos decir que no. Su natural tendencia a tomar en serio un compromiso la llevó a aceptar todo lo que se le encomendaba, hasta que finalmente llegó al punto de saturación. Llegó a estar tan resentida con el director que eso le afectaba el sueño, el apetito y su actitud hacia el trabajo. A pesar de eso, anduvo todo el tiempo llevando esa pesada carga sin expresar jamás sus sentimientos, hasta que finalmente casi perdió el dominio de sí misma.

Las personas que reprimen sus desalientos y no logran ser firmes con otros cuando es necesario terminan pagando las consecuencias y a veces esto les cuesta muy caro.

Cuando años atrás integraba (Gary) el personal de una organización grande supervisaba a un hombre llamado Daniel. Era un verdadero experto en su trabajo, pero era igualmente experto en evitar todo tipo de enfrentamiento. Detestaba decir que no y le era imposible corregir a las personas que trabajaban bajo su supervisión.

Daniel tenía un empleado que pasaba demasiado tiempo haciendo vida social en el trabajo. Era una persona agradable, pero simplemente no sabía cuándo dejar de conversar y empezar a trabajar. Para empeorar las cosas, el jefe principal a menudo lo veía interrumpir el trabajo para conversar brevemente con cualquiera que pasaba. Después de un tiempo, el jefe estaba tan molesto que me llamó la atención al respecto. Me indicó que le encargara a Daniel, el supervisor del empleado, que encarara el problema, lo cual significaba que yo debía citar a Daniel.

Con suavidad, le presenté el problema y le di algunas sugerencias respecto a cómo manejarlo. En varias ocasiones subsiguientes, cuando volví a tocar el tema, me aseguró de que se encargaría de resolver el problema. Pero no lo hizo.

Ensayé todo lo que pude para ayudarle a manejar el temor de enfrentarse a su empleado. Conversamos, practicamos lo que le diría, lo animé, él hizo promesas, pero nada sucedió. Sencillamente no podía enfrentar la situación y decir: «No puedes tomarte un descanso cada vez que aparece alguien». La situación llegó a tomar un cariz tan serio que puso en riesgo su cargo de gerente y lo sometió a una enorme tensión.

Finalmente, Daniel contrajo enfermedades que según el médico eran producto de la tensión. Pronto se tuvo que jubilar y murió a consecuencia de las complicaciones de su enfermedad, apenas unos años más tarde. Estoy seguro de que Daniel no advertía el enorme precio que estaba pagando por no saber manejar los conflictos. Cuando finalmente supo que reprimir el temor y la frustración no era sano, ya era demasiado tarde.

Uno de los obstáculos más grandes que enfrentan las personas demasiado tiernas es tener que enfrentar a otros cuando tienen que decirles que no. En realidad, muchos consejeros cristianos experimentados nos han dicho que *es más fácil lograr que una persona demasiado severa se ablande, que lograr que una persona blanda adquiera firmeza.* Es casi como si hubiera un circuito interrumpido a nivel emocional que les impide enfrentar a una persona y especialmente decir que no.

Evitar decir que no, puede afectar severamente la comunicación. Como lo demuestra el caso de Daniel cuando las personas se rehúsan a enfrentar situaciones difíciles (como tener que decirle que no a alguien) descartan totalmente el importante diálogo que acompaña la expresión de sus verdaderos sentimientos.

Una de las razones por las que resulta difícil decir que no es que provoca reacciones. Por ejemplo, si usted le dice a su hija adolescente que no puede ir a ver una película, ¿cuál va a ser su reacción inmediata? «¿Por qué no, mamá? Todos los demás van a ir a verla».

Lo que con frecuencia no advertimos es que al abstenernos a decir que no perdemos oportunidades importantísimas, en la formación de otros. Podemos evitar una discusión acalorada hoy, pero también perdemos la oportunidad de expresar algo que puede influir en sus vidas de manera decisiva.

Hace poco tiempo advertí (Gary) que era necesario decir que no a uno de nuestros empleados. El es tan bueno en su trabajo que otros programas y ministerios lo solicitaban constantemente para que colaborara con ellos. Llegó un momento en que su talento se aprovechaba más en proyectos externos que en los de nuestra propia organización.

Como nutria que soy, me gustan las relaciones cordiales, amistosas, que es una manera elegante de explicar que no me gusta decirle que no a la gente. Postergué durante varios meses encarar el problema con él pensando que él lo advertiría por sí mismo o que los requerimientos simplemente irían disminuyendo. Pero él nunca se dio cuenta, los pedidos nunca se interrumpieron y yo me sentía cada vez más molesto.

Mientras que con mi esposa e hijos no me resulta tan difícil ser firme, en el trabajo tiendo a ser demasiado blando con los demás. Finalmente advertí que era yo quien estaba pagando el precio emocional por no llegar a enfrentarlo y decidí citarlo a mi oficina para plantearle mi preocupación.

Tuvimos un diálogo tan positivo que no podía creer que hubiera estado evitando esa conversación durante meses. Inmediatamente reconoció el problema cuando se lo señalé y cortó casi en un ciento porciento sus compromisos externos, justo cuando estábamos agobiados por nuestra propia carga de trabajo. Cuando estuve dispuesto a iniciar una conversación severa, no sólo descargué una tonelada de tensión personal, sino que recuperé un valioso empleado.

Evitar decir que no, puede impedirnos a nosotros mismos y a otros el acceso a la verdad. La mayoría de nosotros está familiarizado con un término que los libros sobre autoayuda han popularizado: la *codependencia.* Esta palabra se aplica a la forma en que Marta aprendió a vivir con su esposo alcohólico.

Marta era la abuela perfecta. Siempre estaba disponible para los niños, siempre dispuesta a cuidar de los bebés cuando se los traían. Su único problema era que siempre estaba justificando el comportamiento de su esposo.

Arturo era un alcohólico que lograba mantener su empleo, pero tomaba varios tragos por la noche y muchos más los fines de semana. Si bastara la ternura para cambiar a una persona, Marta hubiera cambiado a Arturo. Pero no es suficiente. Y a medida que pasaban los años y su beber se tornaba más problemático llegó a ser una experta en decir «mentiritas piadosas».

Les decía a sus hijos, que se le había presentado un trabajo que le impedía llevar a cabo una reunión familiar o que había traído trabajo a casa y pasaría a ver el bebé otro día.

A la única que Marta lograba engañar era a sí misma, pero los hijos sólo simulaban que le creían. No es que a Marta le gustara mentir. Pero aquella inclinación hacia el lado blando del amor la impulsaba a considerar más importante proteger a su esposo y mantener la armonía familiar, que ser veraz.

Hemos escuchado a personas blandas decir: «Sí, me encantaría ver esa película», cuando en realidad no querían verla y sabían que no debían hacerlo. Hemos visto a otros justificar la conducta de un amigo diciendo: «Ya me va a pagar la deuda. Sólo hay que darle tiempo». Con demasiada frecuencia hemos visto a personas como Marta que, por tratar de proteger a su esposo, impiden que este enfrente que es un alcohólico.

Estas personas no se consideran mentirosas, pero su incapacidad de expresar los dos lados del amor a las personas que necesitan ambos, hace que sean realmente mentirosas. El evangelio de Juan contiene un versículo que parece suave y fácil, pero que en realidad puede ser muy duro: «Conoceréis la verdad, y la verdad os hará libres».[1] Desafortunadamente, son muchos los que no alcanzan la libertad que significa andar en la verdad. Tienen miedo de ejercer esa clase de amor que les permite encarar un problema, porque temen decir: «No, esto está mal y tengo que enfrentarlo».

Creemos haber dicho lo que teníamos que decir respecto a la necesidad de pronunciar esta breve pero increíble palabra severa que puede fortalecer notablemente las relaciones. Pero ¿cómo se logra que un perro perdiguero se parezca más a un perro guardián, o que una nutria desarrolle la fortaleza del león?

En realidad se empieza practicando a decir que no. El doctor Howard Hendricks, uno de mis profesores en el Seminario, había advertido mi natural tendencia de nutria de complacer a las personas. En una sesión de discipulado que tuve con él, me dio un excelente consejo: «John, intenta decir que no al menos a una cosa cada día. ¡Aunque sólo sea rechazar la segunda porción de pastel. Desarrolla este hábito, que te será de mucha ayuda el resto de tu vida!»

Hasta aquí hemos considerado tres pautas para agregar firmeza al amor en nuestra vida. En el próximo capítulo consideraremos siete pautas más, comenzando por una que toma en cuenta el conflicto con el que probablemente luchan con más frecuencia las personas demasiado tiernas.

Capitulo Once

Cómo agregar al amor una firmeza saludable Parte II

PEDRO se percató de que se encontraba en problemas. Esta vez Marina hablaba en serio de dejarlo y lo iba a hacer. La voz del abogado en el teléfono reflejaba la seriedad de la situación. Su incapacidad de incluir un poco de firmeza a su amor lamentablemente llevó a Pedro al borde del divorcio.

Marina se había sentido atraída por la sensibilidad él, desde que se encontraba en la escuela secundaria y se casaron apenas un año después de graduarse. A medida que pasaba el tiempo, esa ternura le resultaba cada vez menos atractiva, especialmente porque cuando se presentaban problemas, a él le faltaba la fortaleza necesaria para enfrentarlos.

Pedro pasaba de un empleo a otro, trabajando siempre por debajo de su capacidad y ganando mucho menos de lo que necesitaban para mantenerse. Era brillante para comenzar un nuevo trabajo, pero no podía mantenerlo una vez que se transformaba en rutina. A Marina no le importaba trabajar. Pero pronto se hizo evidente que si ella no trabajaba, aun después del nacimiento de los niños, ni siquiera tendrían dinero suficiente para comer.

Con cada cambio de empleo, la confianza de Pedro en sí mismo iba disminuyendo y su peso iba aumentando. Siempre estaba a la expectativa de algo nuevo, que lo sacara de su estancamiento. El punto culminante de la semana era el día de la lotería nacional. Sentía que algún día se sacaría el premio gordo y todo cambiaría, aunque en realidad sus posibilidades de ganar eran menores que la de ser alcanzado dos veces por un rayo en el transcurso de su vida.

Ese «algo» que buscaba para evitar tener que cambiarse a sí mismo, nunca llegó. Y después de casi veinte años de matrimonio, la situación ya no daba para más. Marina se había desilusionado tantas veces esperando que su esposo diera el primer paso hacia la autoconfianza y tomara un empleo que les permitiera vivir, que finalmente había decidido desistir y buscar un abogado.

¿Por qué, como muchas otras personas, Pedro podía percibir exactamente lo que necesitaba hacer y sin embargo, se sentía incapaz de dar ese primer paso decisivo? ¿Por qué no podía ser más autodisciplinado, más fuerte espiritualmente y agregar firmeza a su natural ternura?

Pedro estaba enfrentando una de las más grandes barreras que se levantan contra las necesarias modificaciones personales. Sea que necesitemos más firmeza o más ternura, el futuro de nuestras relaciones puede depender de nuestra habilidad de hacer esos cambios. Sin embargo nos sentimos como si dos enormes brazos de gigante nos tuvieran aferrados hasta que perdemos la oportunidad de cambiar.

Esa barrera se puede definir con una sola palabra: *indecisión*. Superar la indecisión es la cuarta manera de agregar una saludable firmeza a nuestra vida. Puede parecer un problema inocente si se considera superficialmente. Todos nos sentimos indecisos a veces, ¿verdad? Pero cuando se lleva la indecisión a un extremo, como fácilmente ocurre, tiene el poder de restar capacidad de trabajo, impedir que abandonemos el pecado y llevarnos al fracaso y a la desesperación.

Por eso, no podemos dejar de considerar este gigante que es la indecisión. Y si bien puede golpear a un león o a un castor, las personas tiernas son las más vulnerables. Consideraremos la indecisión desde tres perspectivas diferentes y analizaremos tres formas prácticas de superarla.

Los que hablan al respecto son dos autores, que han pasado años investigando personalmente el problema de la indecisión y no fue casualidad que dejaran este capítulo para el final. Aprender a vencer a este gigante puede contribuir mucho al enriquecimiento de nuestras relaciones. Recordemos a Pedro, el hombre de nuestro ejemplo. Si él pudo aprender a vencer este problema, usted también puede hacerlo.

4. Encare la esencia de la indecisión

¿Le gustaría que le adjudicaran el título de «Campeón mundial de la indecisión»? ¡Tampoco es un título agradable para otorgarle a su cónyuge! Ni siquiera les cabe a esos morosos que aparecen en los periódicos por no pagar sus deudas.

Esas personas quedan bajo las candilejas de la mala

fama por un tiempo breve. Pero ni así pueden compararse con Félix, el indeciso más famoso de la historia. Félix era un gobernador romano y como su historia está registrada en el libro más vendido por todos los tiempos, la Biblia, es el hombre indeciso más famoso también, de todos los tiempos. Podemos aprender mucho acerca de este problema si analizamos su experiencia relatada en el libro de los Hechos.

El apóstol Pablo había sido capturado por los líderes judíos de su época y lo habían llevado ante Félix. Querían que Pablo fuera condenado a muerte, pero Félix estaba interesado en lo que este hombre tenía que decir, de modo que lo hizo comparecer ante sí. «Pero al disertar Pablo acerca de la justicia, del dominio propio y del juicio venidero, Félix se espantó, y dijo: Ahora vete; pero cuando tenga oportunidad te llamaré».[1]

Las palabras de Pablo le produjeron a Félix la convicción de que necesitaba cambiar ciertas esferas de su vida. Pero entonces, igual que ahora, *la convicción sólo alcanza a señalar los cambios que necesitamos hacer, pero no hace los cambios por nosotros.* Existió algo en Félix que puso trabas en el proceso de cambiar. ¿Qué observamos en las Escrituras? Después de escuchar acerca de la justicia, del dominio propio y del juicio venidero, Félix *tuvo miedo.*

La palabra que se encuentra íntimamente relacionada con la indecisión es *miedo.* Cada vez que evitamos realizar los cambios personales que necesitamos hacer podemos identificar uno o varios de los seis tipos de temor, que presentaremos a continuación.

El primero es el *temor a la disciplina.* Lo que más temía Pedro en la vida era la disciplina. No quería hablar acerca de la necesidad de tener dominio propio, porque sabía que significaba decir que no a ciertos apetitos que él quería seguir satisfaciendo. Eso se aplica a muchas personas que no logran hacer ejercicios físicos, leer las Escrituras, compartir su fe o enfrentar un problema personal. Estos individuos temen volverse tan rígidos o tan conscientes de las reglas que prefieren evitar el aspecto severo de la disciplina, que en realidad les beneficiaría mucho.

Un segundo temor que produce indecisión es el *temor al fracaso*. Para algunas personas, la posibilidad de fracasar es tan amenazante que nunca comienzan un proyecto ni tratan de producir cambios. Esto sucede particularmente respecto a aquellas personas que tienden a ser perfeccionistas. Por lo que a ellas respecta es mejor no hacer nada y evitar el riesgo del fracaso, que intentar algo y no cumplir. Ese era también parte del problema de Pedro. A pesar de parecer descuidado y desorganizado, en realidad tenía puntuación alta en la escala de castor. No quería intentar conseguir un buen empleo por temor a que lo evaluaran como incompetente.

Un tercer temor que detiene a las personas es el *temor al éxito*. Algunos individuos tienen miedo de cambiar porque el éxito los podría poner en lugares destacados y ellos prefieren estar en un segundo plano. Otros están llenos de sentimientos de culpa o de inferioridad y creen que no merecen triunfar. Encuentran maneras de explicar o echar a un lado el éxito, aun si lo alcanzan.

Otros temen que el éxito traiga aparejado el rechazo. Conocemos a una joven muy inteligente que ganó una beca para asistir a una Universidad local. Sin embargo, después de dos semestres, dejó de asistir a clases y finalmente abandonó sus estudios. ¿Por qué? Era la única de su familia que estaba asistiendo a la Universidad. Muy dentro de sí temía que cada paso que diera hacia el éxito académico era un paso que la alejaba de sus seres queridos.

Otros temen el éxito porque piensan que una vez que han adquirido cierto nivel de realización habrá otra meta para alcanzar, un poco más elevada y que tendrán que proseguir hasta lograrla. Hay otros que temen el éxito porque saben que cuando se alcanza la meta, largamente buscada, les invade una sensación de vacío y ausencia de propósitos.

Hace unos años, se nos pidió que aconsejáramos a una persona de mucho éxito, que acababa de recibir el más alto reconocimiento en el terreno industrial. Esto lo sumió en la depresión, en lugar de entusiasmarlo. Había dedicado su vida a lograr esa meta, pero como siempre que se vive para algo que no sea la fuente misma de la vida, una vez que la obtuvo, se sintió vacío y desdichado.

Un cuarto temor que conduce a la indecisión es el *temor de descubrir nuestras limitaciones*. La indecisión les permite a las personas seguir pensando cómodamente, que sus capacidades están por encima de su actuación. Les resulta más aceptable culparse por ser desorganizada o perezosa que sentirse incapaces o inútiles. Pedro hubiera sido la persona indicada para respaldar o auspiciar a otros. Pero en lugar de eso se empecinaba en intentar, vez tras vez y siempre fallaba en alcanzar el puesto máximo de la empresa, en lugar de admitir que su capacidad estaba en el campo de la producción y no en el de la administración.

Un quinto temor que produce indecisión es el *temor al compromiso*. Hablamos en cierta ocasión con un hombre que no quería recibir ayuda. Era mal esposo y padre y quizá la única cosa positiva que podríamos decir de él es que era sincero respecto a las razones por las que dejaba a su esposa e hijos.

«Francamente, *yo sé* qué se requiere para tener una familia unida», dijo, «pero no estoy dispuesto a pagar ese precio». Sabía que un verdadero compromiso con su familia le exigiría dedicar más tiempo a su esposa e hijos. Se encontraba tan absorto en su carrera y en su progreso financiero que temía que ese compromiso le hiciera perder en dinero, más de lo que temía perder al dejar la familia.

El sexto temor es el *temor de ser controlados*. Para Félix y para cualquiera que manifiesta indecisión frente a los desafíos espirituales, este último temor es generalmente el primero. Muchas personas perciben acertadamente que perderán el dominio de sus vidas al entregarse totalmente en las manos de Dios. Si este temor es lo suficientemente fuerte cuando Dios llama a la puerta de su corazón, la cierran con fuerza.

Cuando nos asustamos y postergamos los cambios que debemos efectuar generalmente estamos luchando con un problema moral, no intelectual. No significa que no entendamos lo que Dios nos está pidiendo que hagamos sino precisamente que sí entendemos. Simplemente, no queremos abandonar el camino que estamos siguiendo para caminar en pos del Señor. Félix quería escuchar acerca de Jesús, pero no quería acercarse tanto que llegara a cambiarlo. Pedro rara vez faltaba a la iglesia los domingos pero sabía dentro de sí, que su miedo más grande era entregarse completamente al Señor.

Como habrá podido observar y de acuerdo a lo que nos enseña la Biblia, dos o más de estos seis temores diferentes pueden combinarse fácilmente para inmovilizar la capacidad de una persona de emprender los cambios que necesita realizar. «El perfecto amor echa fuera el temor», afirma 1 Juan 4.18. Pero lo contrario también es cierto. Aquellos que permiten que el temor domine sus vidas en realidad van perdiendo la capacidad de amar.

¿Qué hacer cuando nos damos cuenta de que estamos postergando los cambios que necesitamos hacer para ser más firmes o más tiernos?

Lo primero que debemos hacer es enfrentar el temor. Elija una esfera en la que esté mostrándose indeciso actualmente. Quizá usted sea un león y necesita volverse un poco más perro perdiguero con sus hijos, respaldarlos más y exigirles menos. O quizá sea una nutria que ha empezado cientos de proyectos en el curso de este año, pero necesitaría algunas de las cualidades del castor para poder concretar al menos unos pocos de ellos y sacar adelante su trabajo. Quizá sea un perro perdiguero como Pedro y necesitaría un empleo estable en lugar de andar cambiando mensualmente de trabajo.

¿Qué es lo que le impide hacer esos cambios tan necesarios? Sin duda, la primera causa es el temor. El primer paso para vencer el temor es identificar qué tipo de temor es el que lo está dominando. ¿Y cuál será el paso siguiente? Es el quinto paso en nuestra escalera de diez pautas para agregar un poco de firmeza saludable a nuestra vida.

5. Evite la trampa que consiste en depender de los cambios instantáneos

Si el miedo es el factor que nos impide hacer los cambios que necesitamos, la expectativa de los cambios instantáneos y fáciles no hace más que prolongar la situación. Casi todos los días había algo o alguien que convencía a Pedro de que necesitaba ser más decidido, más fuerte, más consecuente, más disciplinado, más definido en el liderazgo espiritual (todos estos son rasgos del lado severo del amor), pero nada lograba impulsarlo a la acción. En su afán de conseguir algún cambio instantáneo, que le proveyera el dinero necesario y que le evitara producir esos cambios, vivía confiando en los billetes de la lotería. De la misma forma, la esposa del alcohólico se aferra a la ilusión de que un día su esposo se despertará completamente libre de la dependencia al alcohol, en lugar de despertar en medio del sopor de la borrachera.

El problema de fundamentar la vida en ese tipo de sueños es que no cabe la menor duda de que esa persona algún día tendrá finalmente que despertar a la realidad. En cualquier momento a lo largo de los veinte años de matrimonio, Pedro podría haberse quedado en un trabajo estable y haber ganado lo suficiente como para adquirir las cosas que deseaba para su esposa, una por una. Pero era más fácil aferrarse al sueño de que un billete de lotería, un negocio fácil o que *algo* cambiaría su existencia... hasta que de pronto su sueño se hizo añicos cuando escuchó la voz del abogado en el teléfono.

Sería hermoso que hubiera una forma fácil de cambiar. No obstante, cualquier cualidad severa o tierna que tengamos que incorporar sólo llegará a nuestra vida por el clásico camino de la perseverancia cotidiana.

Los expertos dicen que se requiere, al menos, veintiún días de repetir algo antes de que se vuelva un hábito. No podemos sencillamente despertarnos un día con una recién descubierta habilidad para disciplinar con amor a nuestros hijos, enfrentarnos resueltamente a nuestro cónyuge o encarar a un amigo a causa de algún problema. Estos rasgos de severidad se adquieren con la firmeza de carácter que los va cimentando uno a uno en el centro de nuestra vida. Una excelente manera de iniciar el proceso es dar el siguiente paso.

6. Acostúmbrese a rendirle cuentas a alguien

Cuando Cindy y yo (John) éramos recién casados sacaba casi la puntuación máxima en la escala de las nutrias y muy baja en las restantes escalas. Mi gráfico parecía un electrocardiograma con una sola línea alta. Eso significa que básicamente era una persona amigable, amante de la diversión, tierno con las personas y demasiando tierno en algunas responsabilidades, como por ejemplo el manejo de nuestra cuenta de banco.

Durante los primeros años de matrimonio demostraba el máximo de indecisión en este aspecto dejando mes tras mes hasta el último momento, la tarea de reconciliar el saldo de la cuenta. Dejemos de lado el hecho de que estoy casado con una persona tipo castor, que probablemente hubiera podido administrar su propia agencia contable. Yo era el «sabelotodo de la familia» y no iba a dejar que unos cuantos cheques sin fondos me sacaran de mi ineficaz, aunque cómodo método de llevar las cuentas.

Mi método era similar al que describen nuestros queridos amigos Chuck y Barb Snyder en su muy provechoso libro *Incompatibility: Grounds for a Great Marriage* («Incompatibilidad, la base de un gran matrimonio», Questar, 1988). Este método poco usado, afortunadamente, consiste en esperar hasta que llega la hoja de la cuenta del banco y entonces simplemente tachar el saldo hecho por uno mismo y copiar el oficial, cerrar el libro de cheques y ¡listo! (¡Después de todo, los empleados del banco han estudiado comercio y matemáticas y disponen de computadoras!)

Además de terminar en el asilo de pobres, lo que este método logrará es que usted haga lo que yo hacía regularmente: Cambiar de banco. De esa manera sabía, al menos por un breve lapso, exactamente cuál era nuestro saldo.

Como se podrá imaginar, mi irresponsabilidad le producía mucha tensión a mi esposa. Desafortunadamente, no podía imprimir más billetes, como hace el gobierno, para salir de los problemas.

Me alegra decir que finalmente dejé de mostrarme indeciso en esta esfera. Lo que hizo posible el cambio fue el método más poderoso que conocemos para derrotar el problema: Rendirle cuentas a alguien. Hemos estudiado las Escrituras y todos los libros que pudimos encontrar sobre este tema y hemos llegado a la conclusión de que este es el recurso básico de Dios para que una persona deje de ser indecisa y empiece a hacer las modificaciones necesarias para ser más firme o más tierna. Observe cómo ocurrió en mi propia vida.

Cuando nos mudamos de Texas a Arizona me incorporé a un pequeño grupo varonil de discipulado, en nuestra iglesia. Eramos tres nutrias en el grupo, además de un castor, llamado Doug Childress.

Cuando empezamos el grupo, las nutrias decíamos siempre lo mismo respecto a nuestra vida espiritual y nuestra vida familiar: ¿Cómo nos iba? ¡Estupendo! Después de algunas semanas en que las tres nutrias nos felicitábamos en cada encuentro por el excelente trabajo que estábamos realizando, Doug decidió hacer algo en que los castores son especialistas: inspeccionar.

Nunca olvidaré la primera noche que Doug llamó a casa y pidió hablar con Cindy. Entonces le preguntó: «¿Qué tal se porta John como esposo y como padre? ¿Hay algunas esferas en las que necesita cambiar y que pudiera ayudarle si me rindiera cuentas?»

Se puede imaginar todo el conflicto que me causó esa primera llamada. Pero no sería la última. Doug se había comprometido profundamente conmigo en su amistad, tanto que me hacía rendir cuentas cada semana. Pronto, a pesar de mí mismo, descubrí que estaba agregando a mi vida cualidades de castor como la de controlar correctamente la cuenta del banco, con lo que mi relación con Cindy mejoró notablemente. ¡Hasta empecé a llamar a la esposa de Doug, Judie, para preguntarle cómo se portaba *él* como esposo!

¿Tiene alguien que puede realizar ese papel en su vida y hacerle las preguntas severas, no para herirlo, sino para ayudarlo y estimularlo? Recuerde, sólo los sabios buscan corrección, mientras que los necios la rechazan. A nadie le gusta que un amigo le señale sus debilidades, pero si lo hace con amor para bien, hasta las fuertes garras de la indecisión se empezarán a debilitar. Todos necesitamos alguien que, así como el «hierro con hierro se aguza»,[2] vaya limando las asperezas de nuestra vida.

Luchar contra la indecisión no es la única manera de agregar importantes cualidades a nuestra vida. El séptimo método que vamos a considerar aprovecha la natural capacidad de las nutrias y los perros perdigueros, de allanar el camino para que nuestros seres queridos acepten nuestra severidad hacia ellos.

7. Construya puentes que le permitan expresar el lado severo del amor en sus relaciones

Las nutrias y los perros perdigueros son especialistas en la construcción de puentes en las relaciones. Disfrutan de la intimidad con otros y pueden fácilmente crear un ambiente de cordialidad y respeto mutuo. Esa habilidad es esencial cuando se trata de manifestar el lado severo del amor a los demás. Como lo expresa un versículo bíblico: «Fieles son las heridas del que ama; pero importunos los besos del que aborrece».[3]

¿Alguna vez se ha encontrado con personas tan severas que entienden que lo que este versículo expresa es que herir a otro lo *convierte* en su amigo? No es eso lo que quiere decir. Por el contrario, cuando nos acercamos a los demás podemos decirles las cosas más difíciles y ellos reconocerán que fueron dichas con lealtad y ternura.

Nunca exageraremos la necesidad de que se edifiquen relaciones fuertes, íntimas, recurriendo a todos los recursos del lado tierno del amor para nutrir esa relación. Al hacerlo, habrá construido el puente más fuerte que le permitirá cruzar las palabras severas, cuando sea necesario pronunciarlas. Los leones y los castores necesitan adquirir esta habilidad.[4] Pero las nutrias y los perros perdigueros también tienen algo que aprender.

Una vez que se han construido esos puentes de amistad, debemos cruzarlos cuando sea necesario hacerlo. Permítanos explicar lo que queremos decir.

Poco después que me gradué (John) del seminario y había aceptado mi primer trabajo como asistente de pastor, se me pidió que me encargara del asesoramiento de una pareja que deseaba casarse. Estaban seguros de que eran el uno para el otro y me pedían que oficiara su casamiento. Después de reunirme con ellos cuatro veces estaba seguro de que me estaban engañando. Quizá se sentían listos para el matrimonio, pero en realidad les faltaba madurez y tenían serios problemas personales. Más tarde supe que mantenían relaciones ilícitas a pesar de asegurarme que no lo hacían.

Como el padre de la joven era un antiguo miembro de la iglesia se había reservado el local de la misma para la boda y se habían distribuido las invitaciones. Para mi humillación, dejé que las presiones circunstanciales me hicieran dejar a un lado mis preocupaciones respecto a celebrar el matrimonio. Debiera haberle dicho a la pareja: «No, no puedo casarlos y nadie debiera hacerlo hasta que pase más tiempo y hayan asistido a más sesiones de asesoramiento». Pero no lo hice.

En nuestras reuniones había logrado construir un puente de amistad y respeto con esa pareja. Pero cuando llegó el momento de expresar el lado severo del amor, no logré cruzar el puente. Antes que pasara el año, el padre me contó un domingo por la mañana que estaban gestionando el divorcio.

Los pastores no son infalibles y después de todo era la primera pareja que aconsejaba. Pero sabía en mi corazón que esas sólo eran excusas para disimular el hecho de que había fracasado por no ser tiernamente severo.

Esa experiencia me enseñó mucho. Todavía uso mi inclinación a ser tierno, como un recurso para construir puentes de comunicación con las parejas a quienes aconsejo en los cursos prematrimoniales de la iglesia. Pero ahora me obligo a mí mismo a cruzar el puente y decir las cosas severas que hay que decir, aun si eso significa decir: «Lo siento, pero ustedes no deberían casarse».

8. Plantee los cambios necesarios en términos de «pasos cortos»

Débora se sentía desalentada como madre de una estudiante que cursaba la escuela secundaria. Sabía que tenía que ser más firme con su hija en muchos aspectos, pero por ser una persona tipo perro perdiguero, nunca había sido severa con nadie.

Ayudamos a Débora a plantear en términos concretos los cambios que quería ver en su hija. Primero le pedimos que eligiera una esfera en la que sentía que debía ser más severa con ella. Inmediatamente nos dijo que estaba cansada de que la casa tuviera el aspecto de haber sido arrasada por un ciclón cada vez que su hija llegaba de la escuela.

Luego le pedimos que anotara exactamente qué hacía su hija antes y después de la escuela, que le provocaba desaliento en esa esfera. Después de una semana de hacer anotaciones trajo una lista de casi treinta cosas. Resumimos la lista en tres cosas que ella realmente quería que la hija hiciera al entrar a la casa. Quería que la joven llevara sus libros y ropa a su habitación, que limpiara los utensilios que había usado cuando comía algo y que no pusiera la música al máximo volumen.

A estas alturas no hubiera servido de nada decirle a Débora: «Ahora tiene que ser más firme con su hija en estos aspectos». En vez de eso, incorporamos los tres puntos de un contrato familiar como el que analizamos anteriormente. Llevó algo de tiempo y estímulo para que tanto Débora como su hija se acostumbraran a ese nuevo sistema. También le pedimos que nos rindiera cuentas en cada sesión de asesoramiento. Pronto Débora estaba logrando señalar las sanciones del contrato, en lugar de arrancarse los cabellos. Siguiendo estos sencillos pasos, Débora pudo resolver el problema a la vez que mantuvo intactos sus sentimientos y su relación con su hija.

9. Fortalezca su confianza espiritual

En el próximo capítulo hablaremos del tremendo beneficio que nos trae imitar el amor de nuestro Salvador. Sin embargo, queremos dejar en claro en este capítulo que tener confianza en lo que Dios ha dicho en su Palabra es una valiosa ayuda para expresar el lado severo del amor.

¿Recuerdan a Esteban, el perro perdiguero con cuya experiencia iniciamos el capítulo relacionado a cómo agregarle firmeza al amor? Lo que le dio la fortaleza necesaria, para ser amoroso pero firme con su hija, fue la seguridad de que lo que estaba haciendo era correcto a los ojos de Dios.

Cuanto más claramente entendamos a nuestro Dios y su propósito para nuestras vidas, tanto más fácil nos será ofrecer el tipo de amor que nuestra familia necesita. Dicho de otra forma, cuanto más seguros y satisfechos estemos con Cristo como nuestro sustentador y fuente de vida, tanta más fortaleza tendremos para ayudar a otros a ser todo lo que Dios quiere que sean.

¿De dónde obtenemos esa confianza? En primer lugar estudiando las Escrituras y luego todo tipo de libros devocionales y de reflexión que nos ayuden a profundizar nuestra vida espiritual. Recomendamos especialmente las obras de Max Lucado, Ken Gire y Charles Swindoll.[5]

Hemos visto hasta aquí nueve formas de agregarle una saludable firmeza al amor:

1. Reconozca el efecto de los aislamientos emocionales del pasado.
2. Tome un distanciamiento breve para poder profundizar la intimidad.
3. Aprenda a decir «no».
4. Encare la esencia de la indecisión.
5. Evite la trampa de depender de los cambios instantáneos.
6. Ríndale cuentas a alguien.
7. Construya puentes que le permitan expresar el lado severo del amor en sus relaciones.
8. Plantee los cambios necesarios en términos de «pasos cortos».
9. Fortalezca su confianza espiritual.
   Todos estas cosas son importantes y nos conducen a la décima pauta.

10. Propóngase como meta para toda la vida demostrar firmeza cuando sea necesario

¿Necesita agregar cierta severidad a sus relaciones? Es fácil que encuentre mil razones para no comenzar hoy mismo. Pero todas esas excusas pueden dejarle como saldo una vida vacía.

Un corto anuncio televisivo mostraba el rostro de un padre que hablaba con su hijo acerca de las drogas. De pronto el padre rompe a llorar y dice: «No sabía que debía haberte dicho todo esto cuando tenías trece años». La cámara se aleja y muestra que el padre está hablándole a una tumba, en un cementerio solitario e inhóspito.

No es sólo por el temor de lo que las drogas pueden hacerles a nuestros hijos que debemos ser tiernamente severos con ellos. Ese aspecto del amor debe formar parte de toda nuestra vida. El escritor de la epístola a los Hebreos nos dice: «Porque el Señor al que ama, disciplina».[6] Si queremos reflejar el amor de nuestro Padre celestial, necesitamos un saludable equilibrio de ambos lados del amor.

A estas alturas usted ya debiera tener una lista de las cosas que quiere hacer para que demuestre su amor con más armonía. Pero debe reconocer que hay una sola fuente que puede capacitarlo para cumplir esas metas en el transcurso de los años. Eso es lo que vamos a analizar en el último capítulo de este libro.

CAPÍTULO DOCE

El secreto de un amor entrañable

Nos gustaría poder decir que amar a otros con todo el corazón es siempre fácil, pero lamentablemente no lo es. Sara lo aprendió por su propia experiencia. Tuvo que pasar por pruebas que la mayoría de la gente nunca tiene que enfrentar, pero descubrió que en medio de esos increíbles obstáculos hay una fuente de poder infinito e inmutable que puede sostener y enriquecer nuestro amor.

Sara estaba emocionada porque ese hombre joven y bien parecido iba a ser su esposo. Era fuerte y enérgico y desde el momento en que lo vio se sintió cautivada. Disfrutaron muchas bendiciones juntos en esos primeros años de matrimonio viviendo en la bella campiña cercana a su pueblo natal en Rivas, Nicaragua.

El primer hijo que tuvieron Sara y José Angel Meléndez fue un varón. Sara mecía a su bebé suavemente en el porche de su casa, mientras leía la Biblia o una novela, disfrutando de los placeres y desafíos de una familia en crecimiento. Pronto estuvo embarazada de su segundo bebé y su corazón se llenó de expectación. En medio de una cultura colmada de «religión», ella procedía de una familia que enfatizaba la relación personal con Cristo.

Al comienzo del embarazo habían confundido los síntomas con una gripe y su tío, el médico de la zona, le había recetado un nuevo medicamento proveniente de Alemania, llamado talidomida.

Como ignoraban los efectos secundarios de dicho medicamento, la familia Meléndez no estaba preparada para lo que presenciaron en el momento del parto. El pequeño Tony, su nuevo bebé, había nacido sin brazos.

Mientras los médicos y las enfermeras cuidaban a Tony, los desconsolados padres se quedaron en la habitación de recuperación. Sara buscaba fuerzas para enfrentarse a lo que les deparaba la vida y las encontró cuando llegó su madre. Apenas entró a la habitación secó las lágrimas de su hija y le dijo: «No es momento de llorar. Dios nos ha enviado este bebé y él sabe lo que hace».

A partir de ese momento, Sara encontró fuerzas en la fe de su madre. Su corazón se llenó de ternura hacia su hijito, al punto que podía tomarlo en brazos suavemente y decirle: «José Antonio Meléndez Rodríguez eres un bebé precioso. Dios te ha dado tanto. Tienes un rostro hermoso, ojos castaños, una nariz pequeña, una boquita que parece hacer pucheros y dos orejas pequeñas y perfectas. Eres casi perfecto, Antonio, tienes un cuello fuerte y varonil y hombros anchos. Tienes todo lo que te hace falta para llegar a ser un hombre fuerte y apuesto. Dios tiene hermosos sueños para ti y él y yo nos aseguraremos de que se cumplan».

A medida que pasaban los años, Tony recibió la increíble ternura que su madre aportó a la familia. Sus oraciones constantes y sus palabras de aliento: «No te aflijas. Dios tiene algo maravilloso para ti. Confía en él y él te cuidará», eran la fuerza orientadora de su vida. Pero Tony también vio a su madre ejercer el lado severo del amor cuando él y su familia más lo necesitaban.

Después del nacimiento de Tony, su padre se sacrificó mucho para procurar que su hijo recibiera todo lo que necesitaba. Parte de lo que requería era atención médica que no se encontraba en el lugar donde vivían, de modo que José mudó a su familia del lugar confortable y próspero donde vivían en Nicaragua, a un deteriorado departamento de la ciudad de Los Angeles, California.

Para asegurar el sustento de su familia tuvo que dejar su profesión bien pagada para hacer tareas que nadie quería realizar por una paga inferior al salario mínimo. José siempre soñaba con volver a Nicaragua, a la vida que conocía y a la tierra que amaba, para criar allí a sus hijos. La esperanza del regreso lo sostuvo en medio de todas las humillaciones que debió soportar como inmigrante que se esforzaba tratando de sostener a su familia.

Tony recibió toda la atención y ayuda que necesitaba: cirugía para corregir un pie deformado y poder caminar y la mejor educación y fisioterapia que su padre pudo conseguir. Tony prosperó y desarrolló habilidades como artista, músico, atleta y estudiante. Hasta aprendió a tocar espléndidamente la guitarra de su padre, usando los pies.

Pero a medida que pasaban los años, los sueños de su padre se iban desvaneciendo. No podía soportar la idea de no regresar nunca más a Nicaragua y la tensión en que vivía se le hacía inaguantable. En un intento de evadirse de la realidad comenzó a beber.

Cuando Tony llegó a la adolescencia, el alcohol había

llevado a su padre a una conducta enfermiza de enojo y maltrato. La situación llegó a ser tan mala que los amigos más cercanos a la familia le sugirieron a Sara que tomara sus hijos y lo dejara. José estaba atrapado en una vertiginosa espiral cuesta abajo; rehusaba toda ayuda y parecía que iba a arrastrar junto con él a toda la familia. Sin embargo, cuando los tiempos se pusieron difíciles, Sara echó mano del lado severo del amor, que es consecuente, decidido y disciplinado. Tony escribió más tarde respecto a la dedicación que su madre tuvo hacia su padre: «Se negó a abandonar al hombre que amaba».

Ella le dijo a Tony: «Tu padre renunció a todo lo que anhelaba con la esperanza de darnos lo mejor... luchó contra esta debilidad pero fue vencido y yo decidí que no lo iba a abandonar jamás».

José Meléndez murió de cirrosis hepática el 24 de mayo de 1983. Era alcohólico, pero no estaba abandonado. Su familia todavía se encontraba unida y su hijo continuaba alcanzando las metas que nadie hubiera soñado que lograra. Tony Meléndez tocó la guitarra con los pies para el Papa Juan Pablo II cuando este visitó los Estados Unidos en 1987.[1]

¿Por qué nunca son suficientes los libros de autoayuda?

¿De dónde proviene un amor como el de Sara Meléndez? Se debe haber percatado que le va a requerir bastante esfuerzo proveer la ternura que otros necesitan recibir de usted y mayor esfuerzo aún para incorporar una saludable firmeza a su amor. ¿Bastaría con que hagamos una sencilla declaración de autoayuda y nos apropiemos de los cambios que necesitamos? Eso puede servir por un tiempo, pero no para toda la vida.

Depender de nuestras propias fuerzas para brindar las dos caras del amor es como tratar de empujar un automóvil calle abajo, en lugar de usar el motor. Podemos andar así un trecho, pero cada paso que damos va consumiendo nuestra energía y nos llena de desaliento.

¿Hay alguna alternativa mejor? La verdad es que hay una sola, una fuente de poder que puede cambiar nuestra vida en forma favorable y mantener esos cambios para toda la vida. Encontramos ese camino si enfocamos nuestra atención hacia un escarpado monte en las afueras de una ciudad amurallada. Porque sobre ese monte se eleva lo más firme y tierno del mundo.

Sobre un lejano monte

Hubo un día en que el tiempo y la eternidad se encontraron. Ocurrió durante seis horas de un día viernes, cuando el cielo se oscureció, el viento silbó y los ángeles lloraron. Hace casi dos mil años, en la inhóspita cumbre del Gólgota fue crucificado el Hijo de Dios.

La muerte de Cristo en la cruz fue a la vez el acontecimiento más duro y más tierno de toda la historia. La cruz representa el más severo juicio del pecado, *nuestro pecado*, que podamos imaginar. Nada podría ser más duro que el momento en que Dios el Padre ocultó su rostro y rechazó a su Hijo unigénito y el inmaculado y santo Cordero de Dios fue azotado, escarnecido y clavado al madero para morir en nuestro lugar.

Pero la cruz es también figura del más tierno amor. Ese amor estaba dispuesto a perdonar a aquellos que le clavaron los clavos, a los que lo escupieron y azotaron, a los que se negaron a admitir que estaban matando al

Señor y Rey de la gloria. Ese amor es lo más importante que jamás llegaremos a conocer o experimentar.

Sara Meléndez sabía ser firme y tierna con aquellos que amaba, pero su fortaleza provenía de conocer y vivir el amor de Dios.

Un Dios de armonía, un Dios de amor

Mantener la armonía entre nuestras tendencias severas y tiernas significa poder reflejar adecuadamente, el carácter de Cristo ante el mundo que nos rodea. Para eso tenemos que amarlo plenamente y de allí surge el poder y la perspectiva que necesitamos.

Cierta vez le preguntaron a Jesús: «Maestro, ¿cuál es el gran mandamiento en la ley?»

Jesús contestó: «Amarás al Señor tu Dios con todo tu corazón, y con toda tu alma, y con toda tu mente. Este es el primero y grande mandamiento. Y el segundo es semejante: Amarás a tu prójimo como a ti mismo. De estos dos mandamientos depende toda la ley y los profetas».[2]

Cristo sabía lo que hacía cuando unió esos dos mandamientos. La capacidad de amar a otros depende totalmente de nuestra capacidad de amarlo a él. Cuanto más lo amamos, tanto más armonioso y completo es nuestro amor por los demás.

El hombre que sabía

Era la envidia de todos los que lo conocían. Había sido educado en las mejores escuelas y desde joven se había destacado como estudiante. No sólo era un alumno excelente que sobresalía en sus estudios, sino que parecía inclinado a hacer del conocimiento algo activo en su vida. Mientras otros de su edad pasaban las tardes en juegos infantiles, este joven alumno estaba absorbido en sus libros. A medida que pasaban los años, ninguno de sus compañeros podía comparársele en conocimientos.

Y como si eso fuera poco, pertenecía a una de las familias de más alta estirpe en la zona. «Es de buena cepa», decían sus admiradores. «Un muchacho excelente. Va a tener éxito». Sus padres le proporcionaban lo mejor. Desafortunadamente, también le inculcaron un arrogante desprecio por todo aquello o aquellos que parecían inferiores a él.

La misión que se asignó a sí mismo fue la de preservar la herencia que sus padres le dejaron. En la ciudad donde vivía, había algunos que pertenecían a un movimiento que amenazaban con trastornar la vida y la cultura a través de todo el país, en pos de una filosofía radical. Con hábiles argumentos propios de un diestro abogado, el joven cruzado desafiaba a todos los que sostuvieran esa fe herética. Si no aceptaban sus argumentos y negaban su fe, este joven recurría a los guardias del templo, a una sentencia de prisión o a algo peor, para enseñarles qué era lo «correcto».

Eran tan fuertes sus convicciones que un día él y un grupo de compañeros iban de viaje hacia otra ciudad con la intención de arrestar a los líderes de ese incipiente movimiento. Pero de pronto sucedió algo sobrenatural.

En una fracción de segundo, la vida de ese hombre cambió. Con un solo fogonazo de luz que le trasmitió la imagen y las palabras del Señor resucitado, ese joven perseguidor se transformó en un siervo del Salvador. Mientras lo ayudaban a pararse en la polvorienta ruta a Damasco, ese fanático estaba a punto de adquirir un nuevo nombre (Pablo en lugar de Saulo) y a iniciar la aventura de aprender el secreto de un amor equilibrado y pleno hacia Dios y hacia los demás.

¿Pablo tenía un lado severo? ¡Por supuesto! Hablando de su vida como perseguidor de la iglesia, Lucas escribió: «Y Saulo asolaba la iglesia, y entrando casa por casa, arrastraba a hombres y a mujeres, y los entregaba en la cárcel».[3]

Pero los años de ministerio fueron moldeando su lado severo hasta alcanzar más armonía. El proceso de conocer el carácter de Dios y de aprender a amar a los demás, le permitió a Pablo aprender cuándo y cómo mostrarse severo. Y realmente tuvo muchas oportunidades de aplicar esos conocimientos.

La iglesia de Corinto era un verdadero dolor de cabeza para él. Compartía todo lo que había recibido de Dios con esas personas, pero seguían perdiendo el tiempo en discusiones divisionistas, pleitos judiciales, borracheras a la mesa del Señor y tolerancia a la perversión sexual de miembros de la iglesia.

Pablo estaba tan preocupado por el bienestar de esos creyentes que decidió visitarlos para ayudarlos a poner las cosas en orden. Sin embargo, primero envió a Timoteo para tratar de que los corintios entraran en razón. No quería ser duro con ellos en su visita, pero estaba preparado para serlo si era necesario.

«Mas algunos están envanecidos, como si yo nunca hubiese de ir a vosotros. Pero iré pronto a vosotros, si el Señor quiere, y conoceré, no las palabras, sino el poder de los que andan envanecidos. Porque el reino de Dios no consiste en palabras, sino en poder. ¿Qué queréis? ¿Iré a vosotros con vara, o con amor y espíritu de mansedumbre?»[4]

Pablo sabía que, si quería lo mejor para los corintios, tenía que estar dispuesto a llamarles la atención por su falta de obediencia en seguir el ejemplo y la enseñanza de Cristo. También sabía que eso no le ganaría amigos, pero estaba más interesado en la relación de los creyentes con Dios que en ganar un concurso de popularidad. Entendía que el lado severo del amor a menudo es la mejor herramienta para tratar con el pecado y no tenía miedo de usarla.

Pero Dios también permitió que los años crearan en Pablo una gentil ternura. Al escribir a la iglesia en Tesalónica, le dijo en una oportunidad: «Porque nunca usamos de palabras lisonjeras, como sabéis, ni encubrimos avaricia; Dios es testigo; ni buscamos gloria de los hombres; ni de vosotros, ni de otros, aunque podíamos seros carga como apóstoles de Cristo. Antes fuimos tiernos entre vosotros, como la nodriza que cuida con ternura a sus propios hijos».[5] Pablo conocía el valor del amor tierno, compasivo, comprensivo. Sabía que uno de sus valores es el de estimular la fe de aquellos que tienen un amor sincero a Dios.

¿Dónde está el poder?

Cualquiera que haya presenciado el lanzamiento del transbordador espacial con su cohete sabe que es uno de los más asombrosos despliegues de poder que se puedan contemplar. El cohete y el transbordador pesan casi tres millones de kilogramos y se sitúan sobre una plataforma de lanzamiento. Mientras el sol comienza a salir por el horizonte e inunda con sus rayos el brillante cielo azul del amanecer en la Florida, la nave aguarda como una silenciosa águila blanca, lista para penetrar en el firmamento.

Cuando va culminando la cuenta regresiva, el aire se carga con una densa expectación. Los sistemas se controlan una y otra vez. El tanque externo está cargado de más de 540 mil litros de oxígeno líquido, enfriado a 147 grados centígrados bajo cero. El control de la misión da el visto bueno para la cuenta final: «¡Cinco, cuatro, tres, dos, uno, despegue!»

Durante tres segundos, una fuerza de 2,9 millones de kilogramos (apenas un cuarto de la explosión energética que destruyó Hiroshima) empuja contra la resistencia del transbordador, el cohete y sus tanques. De pronto, el ave plateada parece desprenderse de la plataforma e irrumpir hacia el cielo. Ese espectáculo es todo un símbolo del poderío del siglo XX.

Sin embargo, pese a toda la ciencia y la tecnología que se encierran en una nave espacial, sin el combustible que pueda impulsarla al espacio, no es más que un envase blanqueado lleno de circuitos y microchips. Toda esa infraestructura no significa nada si carece del poder que la haga funcionar.

Lo mismo podemos decir en cuanto al equilibrio de las dos caras del amor en nuestra vida. Hemos completado el circuito, por así decirlo, y ahora tenemos la información que necesitamos para ofrecer un amor más completo. Pero si nos falta el poder para hacerlo funcionar, todo lo que tenemos en nuestras manos puede apagarse.

¿De dónde viene el poder? Del Espíritu de Dios que mora en nosotros cuando conocemos a Cristo como Salvador. «Porque de tal manera amó Dios al mundo (ternura), que ha dado (severidad) a su Hijo unigénito, para que todo aquel que en él cree, no se pierda (severidad), mas tenga vida eterna (ternura)».[6]

Sin el poder de Dios que se halla en la relación

personal con él, un héroe bíblico como Abraham no hubiera sido más que un nómada errante sin futuro ni familia. Moisés hubiera sido un esclavo tartamudo escapado de Egipto. Sansón hubiera sido un muchacho más de los que quedan atrapados por las mujeres y el levantamiento de pesas. David otro monarca tentado por la lujuria y sin esperanza de perdón. Pedro un pescador confundido que no sabía controlarse. Pablo un fariseo extraviado por su fanatismo y Juan un viejo solitario y abandonado alucinado por sus visiones.

Cómo funciona

El poder de Dios, que sólo se encuentra en esa relación personal con Jesucristo, es lo que establece toda la diferencia. ¿Pero cómo aplicamos ese poder a nuestras relaciones cotidianas? ¿Qué pasos podemos dar para que ese poder sea una fuerza activa en nuestra vida? Queremos ofrecerle algunas sugerencias prácticas al respecto.

En primer lugar, admita que lo necesita. Se dice que Ted Turner, el famoso multimillonario, dijo recientemente: «El cristianismo es una religión de perdedores. Yo no necesito que nadie muera por mí».[7] Pero aunque ese hombre puede hablar así mientras aún no ha enfrentado el juicio final, lo cierto es que sí necesita un Salvador, lo mismo que lo necesitamos nosotros.

¿Ha reconocido alguna vez delante de Dios que no puede amar por su cuenta a los demás como realmente debiera hacerlo? Y lo que es aun más importante, ¿ha admitido que no puede amar a Dios como debiera? Todos tenemos que enfrentar la severidad de Dios, pero él nos invita a aceptar su amor tierno y la vida eterna con él.

George Toles es un querido amigo que nos ha ayudado de diversas maneras en la elaboración de este libro. Uno de sus aportes tiene que ver con este punto: Nuestra relación con Dios siempre *comienza* cuando enfrentamos su severidad. Piense en esto. Si admitimos que Dios juzga el mal y que estamos muy lejos de alcanzar sus exigencias de perfección, sabemos que nos espera el juicio. Pero es precisamente ese juicio, ese amor severo, el que nos conduce y nos impulsa hacia el lado tierno de su amor, que es nuestra vía de escape, Jesucristo, nuestro Salvador.

Si usted nunca ha admitido la necesidad de un Salvador, ni le ha pedido a Jesús que forme parte de su vida, lo invitamos a que lo haga ahora mismo en la quietud de su corazón. Permítale a Dios que forme parte de su vida y así podrá experimentar su amor perfecto y redentor. Hacerlo es recibir en su vida todo el amor tierno de Dios y tener la seguridad de que su severidad sólo se expresará en disciplina pero no en condenación.

Simplemente, diríjase a Dios en oración. Puede orar de la siguiente manera si lo desea: «*Amado Señor, sé que durante mucho tiempo te he desobedecido. Confieso que toda la vida he contemplado cuadros y pinturas que te representan clavado a la cruz, pero nunca entendí que moriste por mí. Sé que sólo merezco condenación por mis pecados, pero te agradezco el amor tierno y cálido que permitió que enviaras a tu Hijo a morir por mí, para perdonarme.*

«*Señor, quiero que formes parte de mi vida. Humildemente te pido que limpies mi corazón del pecado y que vivas para siempre en mi corazón como mi Salvador, mi Pastor y mi Amigo. Jesús, ayúdame a aprender cada día y a caminar consciente de tu llamamiento y de tu gran amor. Amén*».

Sin embargo, aun después de aceptar a Cristo como Salvador, quizá no experimentemos el poder de su Santo Espíritu. ¿Por qué? No hay ningún impedimento de parte de Dios para darnos su poder, pero a menudo hay factores que nos llevan a rechazarlo o a no usarlo en toda su plenitud. Nuestra cultura nos hace muy propensos a eso.

Vivimos en un mundo que sabe poco acerca de Dios y del poder que nos provee por medio de su Espíritu. Los noticieros en la televisión no empiezan con relatos acerca de cómo Dios ayudó a los creyentes durante la última catástrofe. Los titulares no dicen: «El poder de Dios se manifestó en la última sesión del Congreso». Nadie habla acerca de eso y muy pocos están conscientes del poder de Dios. Pero si queremos manifestar un amor completo es indispensable que experimentemos el poder de Dios en nuestra vida.

Cristo les dijo a sus discípulos: «Yo soy la vid, vosotros los pámpanos; el que permanece en mí, y yo en él, éste lleva mucho fruto; porque separados de mí nada podéis hacer».[8] Si carecemos del poder que nos da el permanecer en el Espíritu, simplemente no podemos llevar a cabo los cambios que son necesarios para que nuestro amor sea equilibrado. Eso significa que debemos ser consecuentes en nuestro tiempo devocional con Dios, en leer la Biblia y en orar.

En segundo lugar, confiese su incapacidad para satisfacer las expectativas de Dios con el fin de mantener una relación abierta con él. La Biblia define esa incapacidad humana como *pecado* y el pecado tiene el poder de nublar nuestra vista y tergiversar nuestra percepción de Dios. ¿Ha intentado tener un momento devocional con Dios después de haber discutido con su cónyuge? No resulta, ¿verdad? La ira, la culpa y el pecado actúan como factores de endurecimiento del amor y también impiden nuestra relación con el Señor.

Pablo les dijo a los efesios: «Airaos, pero no pequéis; no se ponga el sol sobre vuestro enojo, ni deis lugar al diablo».[9] El sabía que la ira puede transformarse en pecado y debilitar nuestras relaciones.

Hoy no es nada popular decirle a la gente que el pecado ofende a Dios, pero es así. Al igual que el enojo en el matrimonio abre un abismo entre nosotros y entre nosotros y Dios. Cuando nos negamos a resolver el pecado en nuestra vida creamos una distancia enfermiza, en nuestras relaciones con los seres humanos y con Dios. Pero si confesamos nuestro pecado y admitimos lo débiles que somos, nuestra relación con Dios se arregla y podemos profundizar la comunión que necesitamos para permanecer en él, para vivir en su poder y para amar genuinamente a los demás.

Finalmente, dé un paso de fe y confíe que Dios puede darle poder para cambiar. En los seminarios y cuando aconsejamos en distintos lugares, a menudo nos preguntan: «¿Qué debo hacer si ya no puedo amar a mi cónyuge?» La respuesta es: *Primero ponga el amor en acción y luego espere que los sentimientos sigan.* En otras palabras, no espere a que sus emociones cambien favorablemente para actuar sino que tome la decisión correcta. Así de esta forma sus sentimientos estarán acordes con sus acciones amorosas.

Si usted es un perro perdiguero o una nutria que necesita agregar algunas cualidades severas a su personalidad, o si es un león o un castor que necesita desarrollar más ternura, no espere a sentir el poder de Dios para entonces tratar de cambiar. Esto de ninguna manera demuestra fe. *Comience a hacer los cambios necesarios y confíe en que Dios le dará el poder a medida que lo necesite.*

Corrie ten Boom solía comentar cómo le había enseñado su padre el significado de la fe: «Cuando vas a la estación de trenes ¿compras el boleto antes o después de llegar allí?», le preguntaba él.

«Después, papá», contestaba ella.

«De la misma forma», le explicaba su padre, «Dios te da la fe que necesitas para enfrentar la vida *en el momento en que la necesitas,* no antes».

El escritor de la epístola a los Hebreos dice: «Pero sin fe es imposible agradar a Dios; porque es necesario que el que se acerca a Dios crea que le hay, y que es galardonador de los que le buscan».[10] Si buscamos a Dios de corazón y confiamos en él lo suficiente como para empezar a hacer modificaciones en nuestra vida, él será fiel y nos responderá con el poder que necesitamos para que esos cambios se conviertan en realidad.

Hemos llegado al final de nuestro libro sobre las dos caras del amor. Nuestra oración es que de aquí en adelante pueda descubrir el amor de Dios como nunca antes.

Que la expresión de severidad manifestada en la cruz produzca siempre en usted una reacción de humildad, así como de gratitud cuando sea necesaria la disciplina de Dios. Y que también pueda agradecer a Dios la ternura que mostró al enviar a su Hijo unigénito a la cruz sabiendo que lo hubiera hecho aunque usted hubiese sido la única persona, que no tenía otra alternativa que esa para salvarse.

Que el Señor lo bendiga y lo guarde. Dios permita que pueda llegar a conocerlo como Rey poderoso y amante Pastor. Y que en todas sus relaciones pueda expresar el amor conque Jesús nos ama, un amor que expresa las dos caras del amor.

Notas

Capítulo 1

1. En hebreo, el lenguaje original del Antiguo Testamento, hay una conexión muy estrecha tanto gramatical como personal, entre estas dos figuras de dicción que aparecen en el pasaje. Normalmente dos cláusulas circunstanciales, como las que aparecen en Isaías 40.10, 11 estarían vinculadas por medio de una conjunción (como la «y» en nuestra lengua). Sin embargo, la conexión es tan estrecha en este caso que no aparece ninguna conjunción que conecte las dos cláusulas.

Podemos decir en síntesis, que «Jehová el Señor» (en hebreo *Jehovah Adonai*) viene «con poder» está directamente vinculado con una figura de un pastor lleno de compasión. Su poder, cuyo «brazo señoreará», no puede separarse del gran amor con el que «llevará los corderos» y «pastoreará suavemente a las recién paridas».

Para una mejor comprensión de estas hermosas figuras de dicción, hay libros como el de C. F. Keil y F. Delitzsch, *Commentary on the Old Testament in Ten Volumes*, vol. 7, *Isaiah* (Grand Rapids, Mich.: Eerdmans, 1975), pp. 145-147; y de Edward J. Young, *The Book of Isaiah*, vol. 3 (Grand Rapids, Mich.: Eerdmans, 1972), pp 38-40; E. Kautzsch, *Genenius' Hebrew Grammar*, rev. ed. (London: Oxford U., 1974), pp. 504, 505.
2. Romanos 5.8.
3. Mateo 16.17.
4. Mateo 16.23.
5. Lucas 9.51.

Capítulo 3

1. Ross Campbell, *Si amas a tu hijo* (Minneapolis, Minnesota: Editorial Betania, 1985), pp. 15-19.

Capítulo 4

1. Ross Campbell, *Si amas a tu hijo* (Minneapolis, Minnesota: Editorial Betania, 1985), pp. 15-19.
2. Para un tratamiento en profundidad de lo que significa «cerrar el espíritu de alguien», lea el libro de Gary Smalley, *The Key to Your Child's Heart.* («La llave al corazón de tu hijo». Minneapolis, Minnesota: Editorial Betania, 1991.) Ver especialmente el capítulo 1 titulado: «Cómo vencer al mayor destructor de las familias».

Capítulo 5

1. Un nuevo y excelente libro acerca de cómo lograr disciplina y responsabilidad en nuestros hijos es el de Robert G. Barnes hijo, *Who's in Charge Here?*, (Dallas, Texas: Word, 1990).
2. Hebreos 11.1.

Capítulo 6

1. Un heroico e inspirador relato acerca de lo que significó ser prisionero en Vietnam del Norte durante ocho años y medio fue escrito por Everett Alvarez hijo, *Chained Eagle,* (New York: Donald I. Fine, 1989).
2. 1 Samuel 16.7.
3. C. F. Keil y F. Delitzsch, *Commentary on the Old Testament in Ten Volumes*, vol. 2, *Joshua, Judges, Ruth, I & II Samuel*, (Grand Rapids, Mich.: Eerdmans, 1975), pp. 153-159.
4. Un excelente libro sobre la presión de los semejan-

tes es el de Joe White: *Friendship Pressure.* (Sisters, Ore.: Questar, 1989.)

Capítulo 7

1. Leonard Maltin, *The Disney Films,* ed. rev., (New York: Crown, 1984), sección sobre *Greyfriar's Bobby.*
2. Si quiere solicitar información en cuanto al seminario «El amor es una decisión», escriba a Terry Brown o Norma Smalley, a la siguiente dirección: Today's Family, P.O. Box 22111, Phoenix, AZ 85028.
3. Una acertada perspectiva acerca de este problema frecuente la ofrecen Robert Hemfelt, Paul Meier y Frank Minirth en *Love is a Choice.* (Nashville: Nelson, 1989).
4. *World Book Encyclopedia* (Chicago: World Book, 1988), pp. 570, 571.

Capítulo 8

1. Gary Smalley y John Trent, *El irresistible lenguaje del amor* (Miami, Florida: Editorial Betania, 1992).
2. Hay muchos buenos libros que pueden ayudarlo a superar heridas del pasado. Aquí mencionamos sólo algunos: nuestro libro titulado *La bendición* (Miami, Florida: Editorial Betania, 1991) y *The Gift of Honor,* publicado por Thomas Nelson. También puede leer *Curación para los traumas emocionales,* por David Seamands, publicado por la Editorial CLIE, 1986.
3. Richard B. Stuart: *Helping Couples Change* (New York: Guilford, 1980).

Capítulo 9

1. Mateo 6.21.
2. Proverbios 15.1; 25.15.
3. Ver Santiago 1.23-25.
4. Proverbios 15.30.
5. Proverbios 17.10.
6. Salmo 44.20, 21.
7. Para información en cuanto a este libro puede dirigirse a Jim Brawner, HCR4, Box 2212-A, Branson, MO 65616.

Capítulo 10

1. Juan 8.32.

Capítulo 11

1. Hechos 24.25.
2. Proverbios 27.17.
3. Proverbios 27.6.
4. Esa es una de las principales razones por las que escribimos nuestro libro sobre la comunicación: *El irresistible lenguaje del amor* (Miami, Florida: Editorial Betania, 1992).
5. Algunos de nuestros libros preferidos son: de Max Lucado, *No Wonder They Call Him Savior* y *Six Hours One Friday*, ambos publicados por Multnomah. De Ken Gire: *Intimate Moments with the Savior*, *publicado por Zondervan. Por Charles Swindoll: Come Before Winter*, y *Rise & Shine*, ambos publicados por Multnomah y *El despertar de la gracia*, del mismo autor pero publicado por la Editorial Betania.
6. Hebreos 12.6.

Capítulo 12

1. Tony Meléndez con Mel White: *A Gift of Hope* (San Francisco: Harper & Row, 1989), pp. 17, 19, 147-148.
2. Mateo 22.36-40.
3. Hechos 8.3.
4. 1 Corintios 4.18-21.
5. 1 Tesalonicenses 2.5-7.
6. Juan 3.16.
7. Youthworker Update, vol. iv, n. 5, enero de 1990, p. 8.
8. Juan 15.5.
9. Efesios 4.26, 27.
10. Hebreos 11.6.